女性职场故事

——劳动权益连环画册

主　编　段燕华　郭慧敏
编　者　高　涛　李亚娟
　　　　李亚莉　王小梅
绘　画　黄　音　王　晶
　　　　巩琛婕　邵路云

西北工業大學出版社

【内容简介】 妇女劳动权益是女性最重要的生存权和发展权。本书由10个较为典型的女性劳动权益连环漫画案例(主要涉及就业歧视、打工陷阱、独立劳动权利、提前退休、生育被裁、拖欠工资、预防性骚扰、孕妇中毒索赔、解聘咨询、四期保护等)构成,以生动、形象的图解形式阐释了法律关于女性劳动权益的相关规定,为女性劳动者尤其是边缘女性劳动者群体提供具有操作性的维权参考。

图书在版编目(CIP)数据

女性职场故事——劳动权益连环画册/段燕华,郭慧敏主编.—西安:西北工业大学出版社,2011.6

ISBN 978-7-5612-3096-1

Ⅰ.①女… Ⅱ.①段…②郭… Ⅲ.①妇女劳动保护—劳动法—中国—普及读物 Ⅳ.①D922.54-49

中国版本图书馆CIP数据核字(2011)第106867号

出版发行:西北工业大学出版社
通信地址:西安市友谊西路127号　　邮编:710072
电　　话:(029)88493844　88491757
网　　址:www.nwpup.com
印 刷 者:陕西天元印务有限责任公司
开　　本:850 mm×1 168 mm　1/32
印　　张:7.375
字　　数:186千字
版　　次:2011年6月第1版　　2011年6月第1次印刷
定　　价:18.00元

女性劳动权益的法律保障与救济
（代　序）

女性劳动权益是法律规定的权益，也是女性朋友必须了解的权利。

“我的权利我知道”是本书的宗旨。

女性权利包括一般劳动权和女性特殊的劳动权益。

一般劳动权，是指任何具有劳动能力且愿意工作的人都有获得工作并享受法律保障的权利。一般劳动权可分广义和狭义两种：狭义劳动权，是指劳动者获得和选择工作岗位的权利，与工作权、就业权同义，具体包括职业获得权、平等就业权和择业权（获得权）；广义劳动权，是指劳动者依据法律、法规和劳动合同所获得的一切权利，包括工作权、报酬权、休息权、职业安全卫生权、职业培训权、社会保障权、结社权、集体协商的权利、民主管理权、劳动争议权等（保障权）。

女性特殊的劳动权益是指法律专门规定的女性劳动者在劳动关系方面享有的基本权利和利益。

劳动就业权是女性作为“人”的生存与发展权的基础。概括起来，有以下几种。

1. 工作权

工作权有时是劳动权的一种狭义解释，是具有劳动能力的公民支配自身劳动力，并要求国家或社会为其提供劳动机会的权利。这是劳动者最基本的权利，其他劳动权利由此派生。在我国，工作权更通俗的解释应该是一种有酬职业占位，是妇女走出家门，面对社会的主要权利基础。众所周知，普通劳动妇女工作权的实现有赖于一定的劳动关系，劳动关系具有人身依赖性，一般基于劳动合同而产生。在社会向市场经济体制转变和国际经济一体化过程中，过去那种劳

动者的就业和基本生活保障由国家统包逐步向利益化和市场化转变。过去单一的公有制劳动关系开始多元化，转变为国有、集体、私营、个体、外资等多种经济形式劳动关系并存的局面；过去国家代表企业、企业代表职工，现在转变为国家、企业、职工成为各自相互独立的权利主体和利益主体，对劳动关系的调节和规范，也转变为以法律手段和市场自行调节。与劳动关系相关的其他法律关系也加杂其中，如劳动行政部门对劳动社会保障关系的调整，对劳动争议的仲裁，工会对劳动者权益的合法维护、劳动争议的内部调解等。

2. 就业机会平等权

就业机会平等权是劳动者享有平等就业和选择职业机会的权利。其中妇女享有与男子同等的就业权利，在录用员工时，除国家规定的不适合妇女的工种或者岗位外，不得以性别为由拒绝录用妇女或者提高对妇女的录用标准。在这方面，一个突出的问题是：劳动力市场供大于求的事实往往使普通劳动力价值大大贬值。调查表明，我国当前就业歧视的主要方面包括民族、宗教、政治面貌、残疾、户籍、性别、年龄、健康、外貌、身高、性取向等十余种，其中性别歧视最为普遍。性别歧视有各种表现：招聘中的性别限制成为因性别因素被拒绝录用的主要性别歧视行为。性别限制主要包括：直接限制，比如，明确表示因某些原因不招女性（或不招男性）；隐性限制，比如，不说性别原因，但会强调这个工作经常出差、上班路远、难以照顾家庭等或者提高面试标准。招聘歧视影响着妇女的就业机会均等。除了有特殊专业能力和工作技能，以及拥有较多的社会资源和较好的家庭背景者，同等条件下，男性比女性更好找到工作。对女性求职者，用人单位一般通过三种歧视手段将其排除在外：一是“区别”。在区别对待的情况下，尽管用人单位不拒绝女性求职者，但对男性与女性的要求会不同。一般只雇佣女性从事那些技术性不强，条件较差，收入低廉的“女性职业”。二是“排除”。主要表现在招聘中拒绝录用女性或提高女性录用标准，同男性相比，女性处于就业劣势。三是“优先”。男性与女性在同等资格和条件下，优先录用男性。另外，女性在招聘面试过程中遭遇的各种性别限制均大大高于男性。如不少公务员岗位在录用之初就限定了录用性别,直接将女性排斥在外。隐性限制常常故意不“以性别为由”而规避法律。如以工作经验不足等借口拒绝录用女性。

3.平等签订劳动合同权

劳动合同是建立劳动关系的基础,也是劳动者权益受法律保障的合法延伸。在我国,合同的主体之间应该是平等的,但社会转型和劳动力市场的价值规律影响了这种平等。调查表明,相当一部分用人单位不愿与劳动者签订合同,更不愿与符合签订无固定期限合同条件者签订无固定期限合同。用人单位权力过重,是劳动合同平等权难以实现的障碍。女性签订劳动合同最大的问题是婚孕歧视,用人单位会对应聘者的婚孕状况在合同中作出种种限制。正是由于婚孕歧视的存在,使得一些女性在最佳生育期害怕丢了工作不敢怀孕,特别是高学力阶层的女性生育期不断推迟。由于婚孕歧视的存在,使得部分女性一旦怀孕“主动”离职。用人单位认为女性怀孕生育、照顾家庭,会降低工作效率,属于“低质量”员工,对其产生歧视,尽量不予录用。婚孕歧视不仅在中国,在全世界范围内都普遍存在,国际劳工组织的研究发现,造成这些问题的主要原因是,由于生育保护与家庭责任相关的其他费用全都转嫁给企业,企业就千方百计地拒绝女性,实际上女性的就业成本由女性自己来承担。

4.劳动安全卫生权

法律规定:用人单位必须建立、健全劳动安全制度,执行国家劳动安全卫生标准,提供劳动保护用品,严格执行危害作业定期检查及作伤亡职业病的报告制度;对特种工作要进行专业培训和资格审查上岗;劳动者对违章冒险作业有拒绝权;劳动者对工作危害安全或健康的有批评、检举控告权;劳动者在劳动过程中有要求改善劳动条件,以使自己的身体健康和生命安全得到有效保护的权利。一些企业缺少最起码的卫生条件,女工没有更衣室,与男工只隔一个布帘子,专为妇女做的体检根本没有。很多单位对伤残员工的伤残补助

金不严格执行国家规定的有关标准，随意克扣。有些单位对工伤事故隐瞒不报，或者发给单位制的“土工伤证”，等到转单位或转制时，员工才发现没有国家工伤待遇，以致养老保险、再就业劳动合同签订都发生问题，由于当时没有进行工伤鉴定，再想依靠法律维护自己的权利时已丧失机会和权利。

5. 休息休假权

劳动者在法定劳动时间之后，有进行休息和休养的权利。现实中，有的单位不让员工请病假，事假期间扣发工资，变相剥夺员工权利。有关法律规定，劳动者每日工作不超过 8 小时，每周不超过 40 小时。但很多女性朋友不知道自己是不是有这种权利。即使有，工资由谁来支付又成了问题。在这方面最严重的是超工时现象：有些服务行业强调自己是特殊行业，要求员工加班加点，经常每天工作十多个小时，尤其是节假日更是劳累有加，但从不发加班工资，也不安排换休，员工有意见也不敢提，怕引起报复。如某单位让工人天天加班，每小时付加班费 3 元，如果不服从则每小时扣工资几十元，随意延长工作时间，而且上厕所受时间限制。还有某单位除春节让工人休三天假外，平时根本没有休息日，工人感到身体严重受影响，有工人晕倒在车间，有的女工因过度劳累流产，有的因过度加班影响到孩子的健康，想起诉单位但又苦于无法从医学上证明。

6. 劳动报酬权

劳动报酬权是劳动者有按照劳动的数量、质量取得报酬的权利，包括劳动者参与分配权和择业权，法定工资保障权等，是劳动者的主要生存保障。这方面的问题很多，一些企业付酬信誉差，在效益越不好的企业越是如此。如在私企打工，老板不签合同，只给少许生活费，说年底一并结算。老板拖发、欠发员工工资是常事，经常是打了欠条不认账，将经营不善、效益不好的经济风险，转稼给员工。随意以违反劳动纪律、损坏东西等理由克扣员工的合法劳动报酬。《中华人民共和国劳动法》第四十六条规定：工资分配应当遵循按劳分配原则，实行“同工同酬”。同工同酬是指用人单位对于技术和劳动熟练

程度相同的劳动者在从事同种工作时，不分性别、年龄、民族、区域等差别，只要提供相同的劳动量，就应获得相同的劳动报酬。同工同酬体现着两个价值取向：确保贯彻按劳分配这个大原则，即付出了同等的劳动应得到同等的劳动报酬。我国将出台工资条例。人力资源和社会保障部正在研究制定工资支付相关法规，“同工同酬”将首次作为立法内容。立法的推进可能解决两方面问题：一是包括劳务派遣工在内，只要工作的岗位、职级、内容相同，应做到“同工同酬”——不仅工资待遇相同，社会保障、福利等也应一视同仁。“所谓‘同工同酬’并非要求他们的工资数额一样，而是允许在同一工资区间内进行浮动”。二是只要从事相同内容工作，应当获得同级别工资待遇。目前，女性与男性同工不同酬问题严重，而且由于存在性别隔离，女性往往处于次要的工作岗位，就很难同工，更不要说同酬了，未来需要研究的是同值同酬，只要男女工作价值相同就应得到同样的报酬。

7. 社会保险福利权

劳动者享有国家和用人单位提供的福利设施和各种福利待遇的权利，在年老、患病、工伤、失业、生育和丧失劳动能力的情况下，获得物质帮助的权利。其中，养老保险、失业保险、医疗保险，为强制性保险，工伤保险和生育保险实际上成为选择性的保险。目前，人们最关注的是养老保险，在这个过程中，存在用人单位单方面不履行交纳义务，转嫁应承担部分给劳动者个人，加重劳动者负担。不仅如此，有些劳动者还要被迫向用人单位交纳一种额外所谓“保留职工关系管理费”。这种情况主要发生在转劳保、买断工龄、下岗等劳动关系发生变化的时候。最近有一部分计划经济时代的“家属工”拿到一部分养老补贴。但是整个养老保险中的性别平等还没有为人们所关注。女性退休早，工资自然也低，加上女性寿命长，老年女性的贫困化将可能是未来一个时期的主要问题。因生育保险国家尚未纳入强制性保险之列，所以很多单位没有参加此类保险，现在很多女性生孩子后无处可以报销生育费用，有些单位还以女性的其他过错行为，如“婚前怀孕”来剥夺女性的这一法定权利，致使法律规定的权利在现实中

无法取得。有的单位对女职工产假、哺乳假没有明确规定，甚至借生育期让她们长期在家待岗，有的单位要求生育女职工休假不能超过一个月，如果超过则按自动解除劳动合同对待，剥夺女职工休产假的权利。

8. 女工特殊保护权

女工特殊保护权是在女性与男子享有平等权利之外的特殊保护，如禁止女工从事矿山井下工作、国家规定的第四级体力劳动强度的劳动和其他禁忌从事的劳动，特殊保护还包括对女性实行经期、孕期、产期、哺乳期的禁忌劳动等。多数单位不大愿意承担这一部分成本，主要是因为市场化的影响，另一个原因是，女性特殊权益是一种派生权益，以劳动工作权的存在为前提，无法独立行使，所以女性工作权遭遇侵害时，特殊权益无法保障，如在有的私企单位的打工妹就没有婚假。

9. 职业场所人身权

职业场所人身权主要是指女性在工作场所的人身安全、尊严和性安全以及反对性骚扰的权利。有的女性尤其是离婚女性面对男性的性骚扰不敢声张，结果使对方更加放纵，侮辱、殴打的情况也时有发生，使她们不能正常的工作和生活。如某公司发生男职工打伤女临时工的事件，公司没做任何处理，只垫付 1 000 元医药费，然后让他们自己私了，男的调动工作单位也不告知女方，结果使赔款无法兑现，女方只能找单位，单位又认为自己没有责任，为此长期扯皮。再如某女工与父亲同在一个单位工作，其父刚去世，单位就让她下岗，结果与领导发生冲突，打了起来，而且是领导先动手，结果她被单位除名，现在知道可以诉讼但早已过了时效。一名女员工被老板打伤，她想提起诉讼，但其他员工怕遭领导报复，不敢出面作证。利用职权的职业场所的性骚扰和暴力行为值得我们关注。

10. 合法权益的救济权

合法权益的救济权是劳动者在知道自己权益遭遇侵害时依法享有的排除侵害，借助公力恢复权利的权利。其实现的前提是法定权

利的可诉性，但目前我国法律规定的劳动权利，在救济上多采用行政手段，缺少可诉性，是权利救济的最大问题。这一点需要立法的不断完善。目前出现最多的情况是劳动合同争议。作为劳动合同关系主体的用人单位和劳动者，其地位形式平等但实质不平等，实际是一种管理和被管理的行政隶属关系。涉及用人单位在行政处分行为，如开除、辞退，工资工龄待遇等劳动争议中，用人单位处于积极、主动的有利地位，而劳动者对此决定提出的争议只具有消极、招架之力，常有以卵击石之感。

劳动争议是用人单位与劳动者劳动关系不协调的表现。我国现有的劳动争议处理方式有调解、仲裁和诉讼三种，在劳动争议处理过程中的相互关系，学界有单轨体制和双轨体制两种主张。单轨体制，指“调、裁、审”依次进行的体制；双轨体制，即“裁、审分轨，各自终局”的体制。单轨体制给当事人带来不便，解决问题的手段少，成本高，即使用人单位侵犯劳动者的合法权益，迫使劳动者也只能自行提出解除劳动合同。由于劳动者本来在劳动关系中就处于弱势地位，再加上就业形势严峻，因此，多数劳动者在其合法权益受到侵害时，往往是能忍则忍，不能忍受的提出解除劳动合同后，既失去了工作也得不到相应的经济补偿。

有关女性劳动保护的法律很多，从国际层面看，妇女劳动权益保障的主要公约有：联合国《公民和政治权利国际公约》《经济、社会、文化权利国际公约》《消除对妇女一切形式歧视公约》和国际劳工组织《同工同酬公约》(100 号)《(就业与职业)歧视公约》(111 号)等，主要保护女性平等权，即男女有同等的就业机会，同工同酬，同龄退休的权利等。另外还有保护母亲方面的公约，如规定妇女的工作时间，具体规定孕妇、乳母禁止加班加点；女工夜班限制等。

中国现行法律对妇女劳动权益保护的规定有《中华人民共和国宪法》《中华人民共和国劳动法》《中华人民共和国妇女权益保障法》以及《中华人民共和国劳动保险条例》《女职工劳动保护规定》《女职工禁忌劳动范围的规定》《女职工保健工作规定》《企业女职工生育保

险试行办法》《中华人民共和国母婴保健法》《中华人民共和国职业病防治法》等。

法律看起来不少，但现实中妇女劳动权益存在问题却很多。这是因为我国作为后发型的法制社会，很多法律是移植而来的，很多法律并没有很好地本土化。虽然有法律，但救济起来还是有很多的问题。本书以连环画的形式讲解了女性劳动权益的维权故事，旨在达到两个目的：一是为文化水平不高，没有条件系统地学习法律知识的女工进行普及性的法律宣传；二是每个故事中都有一个勇敢地拿起法律武器进行维权的女性，她们的精神值得女性朋友们学习，女性只要敢于站出来争取自己的权利，就一定能推动妇女权利的进步。

如果你有问题，就要先了解法律；如果你有问题，不但可以咨询律师，而且可以向妇女组织求助，也可以申请法律援助。但是你要发现你的问题，而且要敢于站出来寻求法律援助，并有效利用法律维护自身的权益。

法律救济之路走的人多了，才能成为真正的通往权利之路。

让我们一起期待。

郭慧敏

2011 年 1 月于西安

目　　录

小玲求职记……………………………………………… 1
李娟打工记 ……………………………………………… 23
王文被调动记 …………………………………………… 45
刘霞被提前退休记 ……………………………………… 67
张元生育被裁记 ………………………………………… 89
晓华讨工钱记…………………………………………… 111
预防性骚扰宣传记……………………………………… 133
怀孕女工废气中毒记…………………………………… 155
小丽维权咨询记………………………………………… 177
女性四期保护记………………………………………… 199
后记……………………………………………………… 221

欢送毕业生
简历
××集团

1. 小玲已经大学四年级了，寒窗苦读眼看就要到收获的时节，可是小玲却怎么也高兴不起来。

招聘会
××公司
××集团招聘启事
学历
专业
英语
计算机
……
……
oh. ye~!
毕业了!

2. 从大四第一学期开始，小玲就不断地跑招聘会，一次又一次地投递简历，却总是等不来被录用的消息。

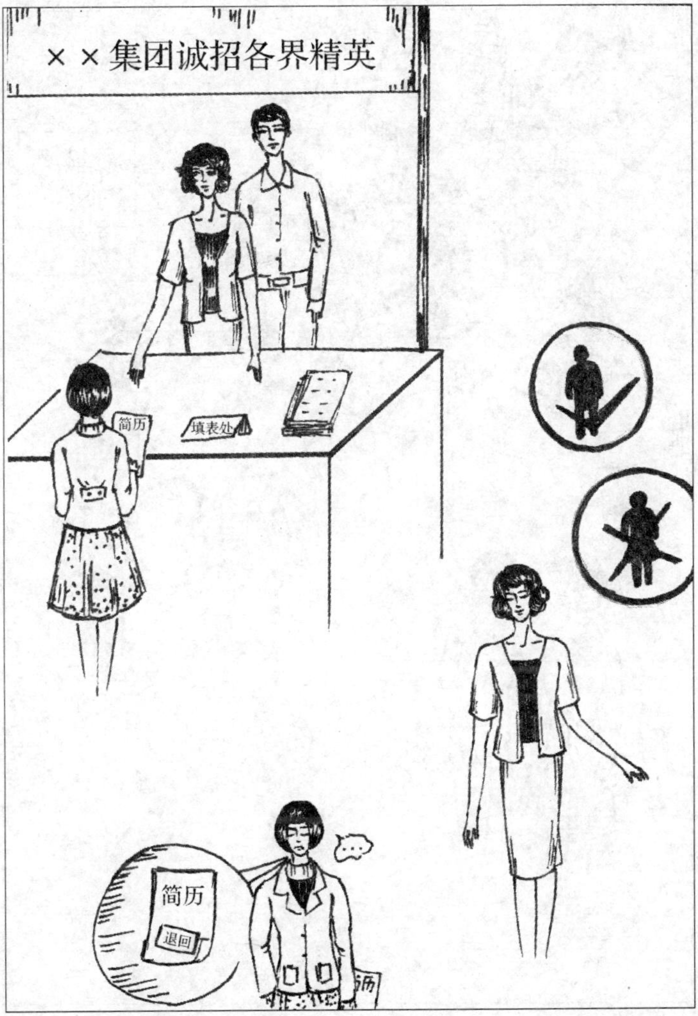
××集团诚招各界精英
简历
填表处
简历
退回
历

3. 冬去春来，春暖花开，小玲依然没有找到工作，她一次又一次被招聘单位拒绝，小玲感叹：怎么找工作这么难啊！

退回
求职#
#简历
刘晶
性别：女
简历
姓名：徐
性别：女
简历
李霞
姓名：张丽
性别：女
简历
娜
简历
性别：女
恭喜你，这么快就找到工作。
你也是！同喜~！
……

4. 在招聘会上，小玲发现男同学常常比较容易找到工作，心里真是羡慕极了，同时又有几分不忿。

10月
1 2 3 4 5
6 7 8 9 10 11 12
13 14 15 16 17 18 19
20 21 22 23 24 25 26
27 28 29 30 31

小玲的十月，不是丰收、喜悦的十月，
而是一个个醒目的叉叉，一次一次无果的应聘……

5. 小玲回想起从去年10月以来，自己就没有间断地参加招聘会，却总被“回去等消息吧”，“我们研究研究”等这样的回答搪塞着，内心十分沮丧。

上周，我面试的单位要求女生一旦签约，3~5年内不准怀孕生育。
这期《招聘导读》看完了，适合的工作还是没几个，还是爱妮有先见之明，选择了考研……
是啊！我去的那家要求更多，一旦被录用，3年内不准谈恋爱！

6. 一天，小玲和同寝室的朋友们聊起找工作的经历，没想到大家在找工作时都碰到过各种特别的"招聘要求"，而这些特别的要求好像都是针对女生的。

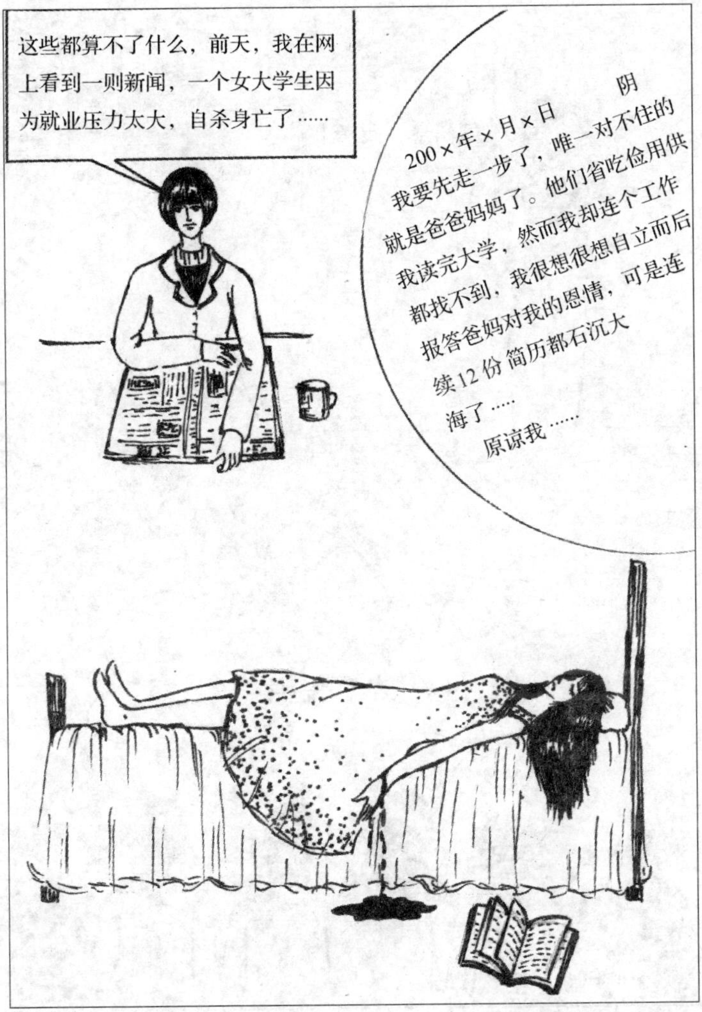
这些都算不了什么，前天，我在网上看到一则新闻，一个女大学生因为就业压力太大，自杀身亡了……
200×年×月×日 阴
我要先走一步了，唯一对不住的就是爸爸妈妈了。他们省吃俭用供我读完大学，然而我却连个工作都找不到，我很想很想自立而后报答爸妈对我的恩情，可是连续12份简历都石沉大海了……
原谅我……

7. 说着说着，大家谈起了不久前一位女大学生因不堪忍受就业压力而走上绝路的事情，小玲她们对此深感同情和理解。

告诉大家一个
好消息，我考上
研究生了
成绩单
哇！恭喜爱妮！

8. 正当大家都感叹就业之路无比艰难之时，爱妮给大家带来了好消息。因为就业难，很多女生只好选择考研。

呜呜~！爱妮，用人单位对女生太挑剔了，要求这要求那，太多不平等、不合理的规定……女生就业好辛苦！
我们都没进展……
你们应聘进展如何啊！
简历
姓名：李玲
性别：女

9.爱妮问大家找工作的进展，小玲她们无不感慨找工作太难了。大家七嘴八舌地议论着，她们发现“怎么这些问题往往发生在女生身上呢？”有人甚至提议：找工作这么难，索性找个好男人嫁了，还可以借此找个“长期饭票”呢。

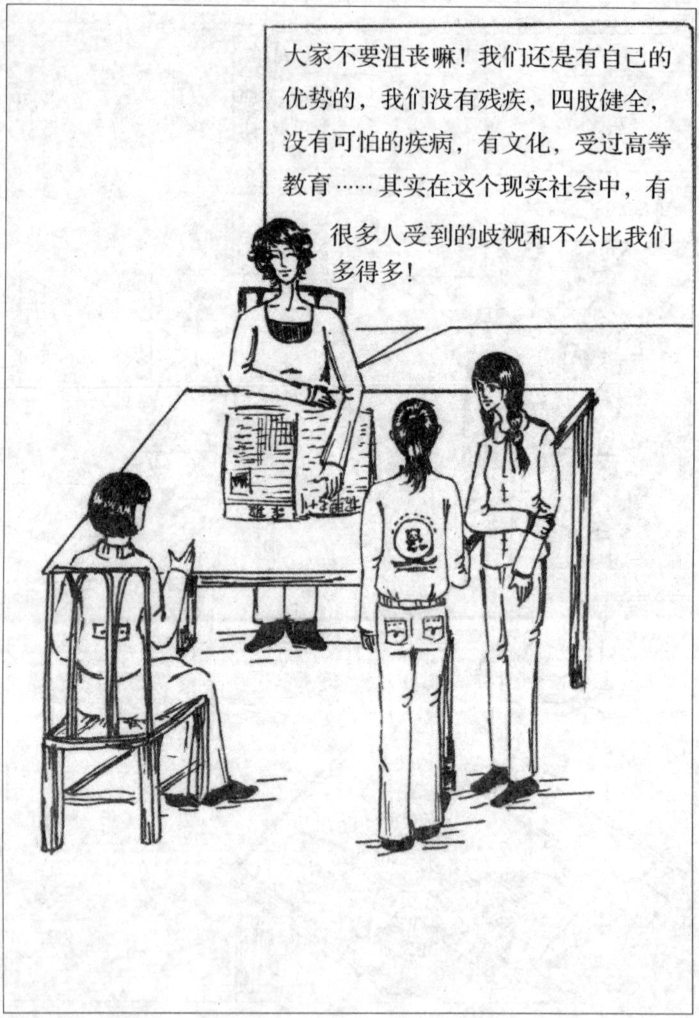
大家不要沮丧嘛！我们还是有自己的优势的，我们没有残疾，四肢健全，没有可怕的疾病，有文化，受过高等教育……其实在这个现实社会中，有很多人受到的歧视和不公比我们多得多！

10. 听到这些，爱妮不停地安慰大家。虽然在求职时有这么多的困难，但大家还是相互鼓励着。

不过，现在很多单位都要求女性应聘者年龄低于25岁，我研究生毕业后，恐怕也很难找到工作……
25
…

11. 爱妮在安慰、鼓励大家的同时，自己内心也非常矛盾，她知道自己虽然考上了研究生，但三年后的就业形势又会怎么样呢？是否会像很多人说的那样“女生考研是判处死刑，缓期执行”？

我们一起，加油！

12. 感慨之余，年轻的女孩子们还是觉得应该振作起来，她们相约一起努力。

应届毕业生
双选会
会由此进入
就业咨询
瞧！那边有就业咨询，好多人排队呢！咱们也去看看吧！
好啊！听说这种咨询对找工作真的有不少帮助呢！

13. 听说下午有场招聘会，会场上要举办就业咨询专场报告，小玲、爱妮她们相约一起去听听。

平等就业
专题讲座
今天，由我为大家讲一下就业平等方面的法律法规和相关知识！
鼓掌
鼓掌
鼓掌

14. 她们来到了报告会现场，恰好有一位性别与劳动权益问题的专家正在讲解平等就业的有关问题。

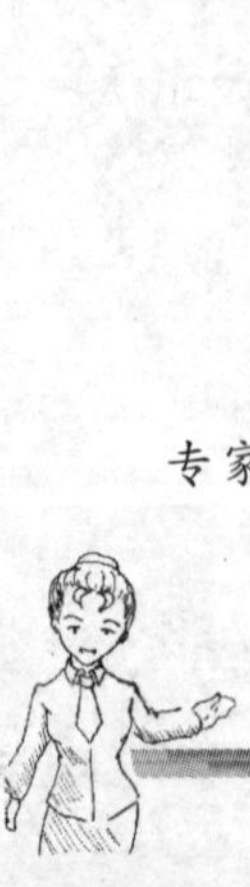

目前广泛存在的就业歧视表现在哪些具体方面？
·性别歧视：排斥拒绝女性就业；
·年龄歧视：设置年龄限制，将某年龄段的就业者拒之门外；
·外貌歧视：对择业者身高、相貌、发型等外貌因素提出不合理要求；
·乙肝歧视：对乙肝病毒携带者进行就业限制……

15. 专家为大家讲解了就业歧视的类别：性别、年龄、外貌、串乙肝……

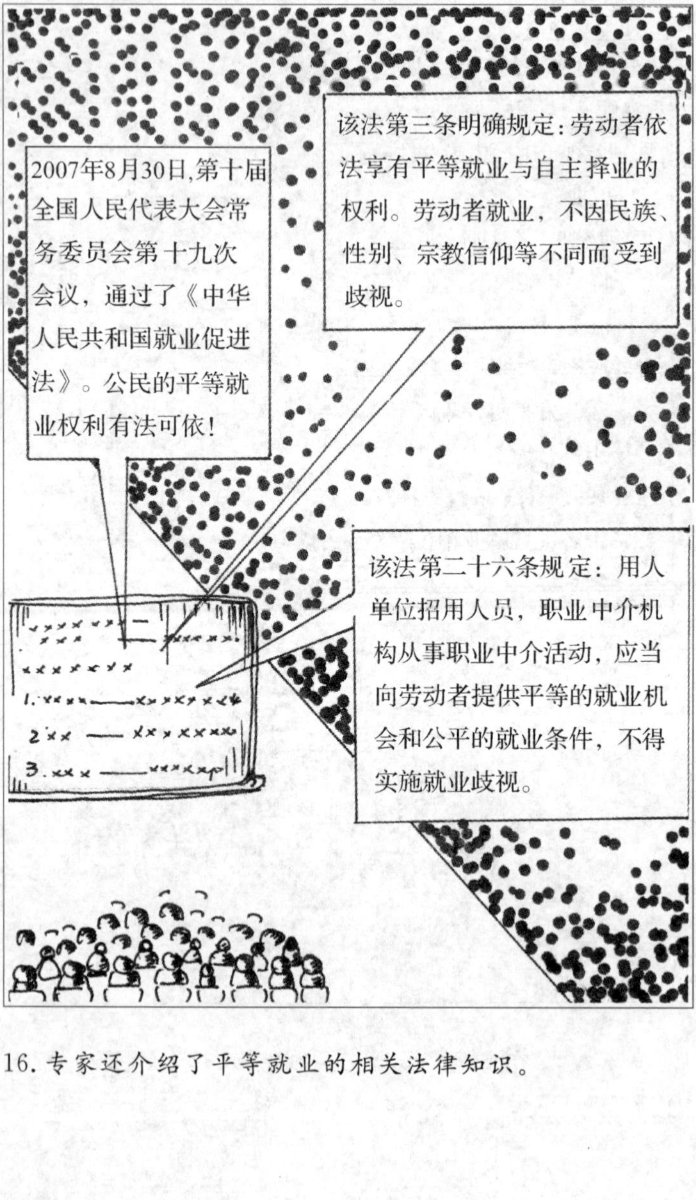
2007年8月30日,第十届全国人民代表大会常务委员会第十九次会议，通过了《中华人民共和国就业促进法》。公民的平等就业权利有法可依!
该法第三条明确规定:劳动者依法享有平等就业与自主择业的权利。劳动者就业，不因民族、性别、宗教信仰等不同而受到歧视。
该法第二十六条规定：用人单位招用人员，职业中介机构从事职业中介活动，应当向劳动者提供平等的就业机会和公平的就业条件，不得实施就业歧视。

16. 专家还介绍了平等就业的相关法律知识。

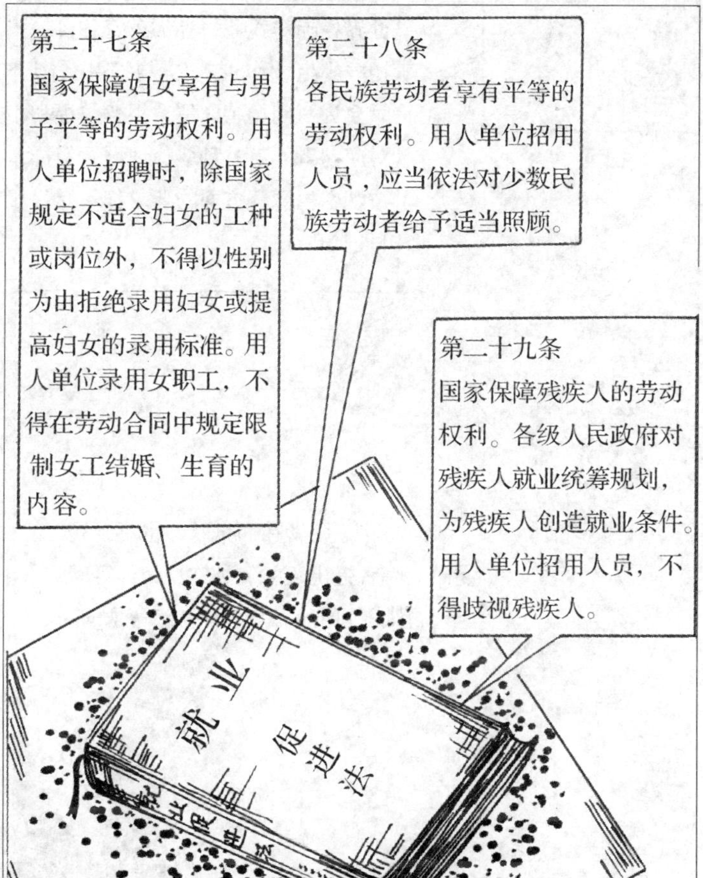
第二十七条
国家保障妇女享有与男子平等的劳动权利。用人单位招聘时，除国家规定不适合妇女的工种或岗位外，不得以性别为由拒绝录用妇女或提高妇女的录用标准。用人单位录用女职工，不得在劳动合同中规定限制女工结婚、生育的内容。
第二十八条
各民族劳动者享有平等的劳动权利。用人单位招用人员，应当依法对少数民族劳动者给予适当照顾。
第二十九条
国家保障残疾人的劳动权利。各级人民政府对残疾人就业统筹规划，为残疾人创造就业条件。用人单位招用人员，不得歧视残疾人。
就业
促进法

17. 专家特别介绍了《中华人民共和国就业促进法》第二十七至二十九条的有关内容。

在美国
就业平等！？
世界各国对就业平等都有着各自的相关规定。例如在美国，招聘广告上只允许写明招聘职位、报酬与福利，对应聘者年龄、种族、地域、信仰、婚姻、生育等方面的要求都不允许写进招聘广告……
同时，招聘者在面试时，也不会轻易向应聘者提出年龄、种族、信仰等问题，否则就可能因“就业歧视”被起诉。

18. 专家还介绍了国外在反对就业歧视、促进就业性别平等方面的诸多法律与措施。

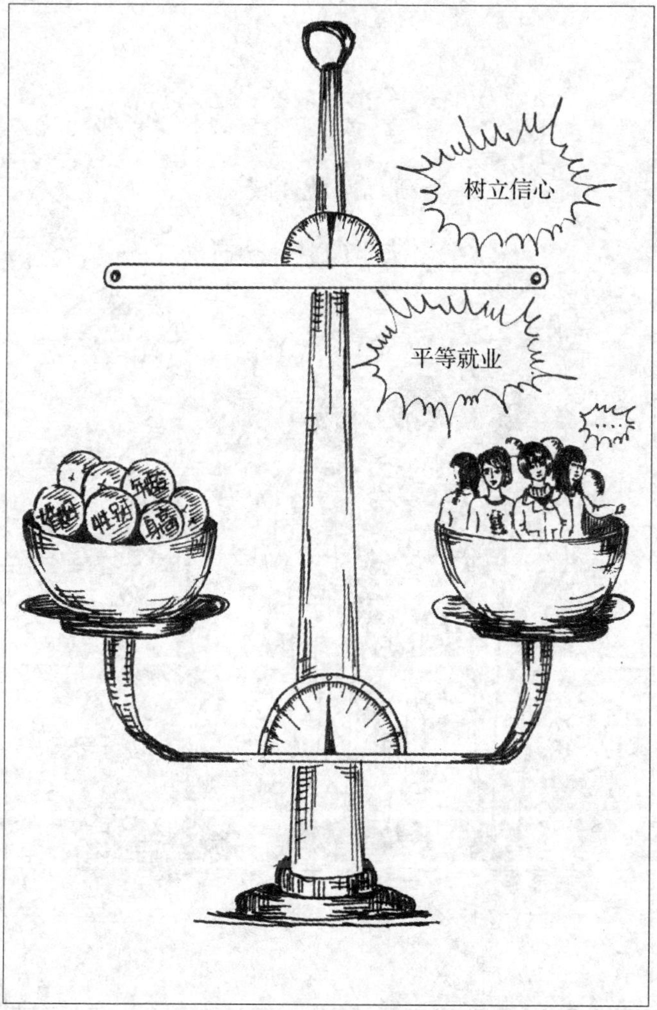
树立信心
平等就业
……
年龄
性别
身高

19. 听着专家的报告，小玲、爱妮她们觉得，尽管形势严峻，求职艰难，但求职的信心增加了许多。

正确面对就业歧视；
学会用法律捍卫自己的权益……

20. 听完专家报告，大家都很兴奋，她们相信，只要她们共同努力，女生一定会有更好的未来。

李娟打工记

1. 李娟和弟弟同在一所中学读书，因为家里没钱同时供养两个孩子上学，父母就让李娟辍学回家了。眼看着同龄的男孩背着书包去上学，李娟心里非常难受。

爸，妈，我想过完年后，和村上的小玉一起去外面打工。
好啊！和村上的小玉一起去，到外面闯闯也好。

2.看到同村的姐妹们在外打工挣钱，李娟向父母道出了自己的想法。

广 州 站

3. 李娟跟着同村姐妹小玉来到了广州，第一次走进大城市，她的眼里写满了惊奇与憧憬。

二车间
二车间
小玉，这就是华子她们说的制鞋厂吧！
是啊，我们进去吧！
××制鞋厂
SHANG HAI.

4. 李娟跟着小玉踏进了同村姐妹们一起打工的一家制鞋厂。

你们的工作就是在流水线上负责用胶水黏合鞋底和鞋帮，工资600元，包吃住，加班有加班费，请假一次扣50元，迟到扣20元。
我们明白了！

5. 没有签约，没有谈判，工厂办事人员只是单方面交待了工作的奖惩规定，并收走李娟的身份证，就算录用了。

你们每周休假一天，这里是你们的宿舍，工作很简单，明天就开工吧！

6.那位办事人员带着她们去看宿舍，李娟觉得宿舍好像住得很挤，她很快数了一下这一间二十多平米的房屋，竟住有将近20人。

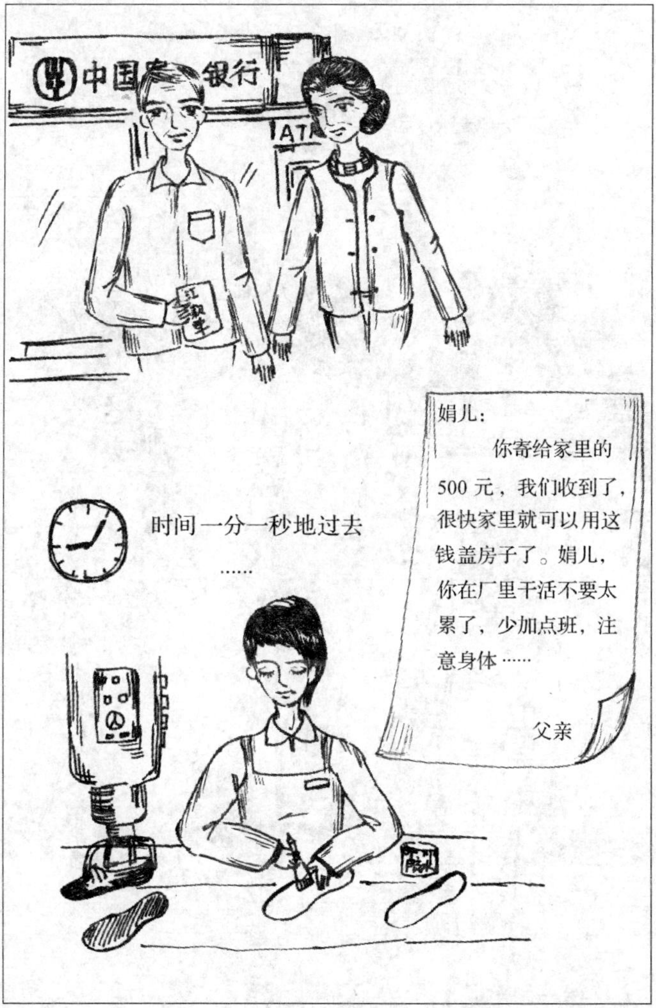
中国 银行
时间一分一秒地过去
……
娟儿：
你寄给家里的500元，我们收到了，很快家里就可以用这钱盖房子了。娟儿，你在厂里干活不要太累了，少加点班，注意身体……
父亲

7. 李娟被分配做鞋底和鞋帮的黏合工作，用刷子直接往粘合部刷胶，那胶味好难闻，呛得李娟眼泪都出来了。想起老家的贫困，李娟强忍不适加班加点地工作。拿到平生第一份工资，李娟非常兴奋，将节省下来的工资寄回了家。

大家，都在这份表格的最后一页签上名字，再交上来，这是“劳动合同”，大家赶快过来领表格。
没事儿吧，大家都交了。
小玉，都不仔细看看就签字吗？

8. 一天，车间主任拿来一堆表格让李娟她们签字。李娟问是什么东西，主任说“是劳动合同，签就是了”，李娟跟着其他人稀里糊涂地签了字。

你们说前几天我们签的那个表格不会有问题吧。
是啊，连内容都没仔细看呢，还有咱们刚进工厂就收了身份证。

9. 休息时大家议论起前几天签订劳动合同的事，虽然也有人心里有疑问，但因为谁也说不清楚法律和政策是怎样的，大家也就没把它太当回事儿。

小娟，今天又不用上工，你要同我们一起去外面逛逛吗？
我不去了，你们去吧！

10. 转眼到了下半年，工厂的活愈来愈少，放假愈来愈多，工资也越来越少。李娟想跳槽，一打听，别的工厂情况也差不多。

通 知
解雇名单
×制鞋厂
×年×
小娟，这到底是怎么回事儿，我们怎么就被解雇了呢？这可怎么办？

11. 一天，厂里贴出裁员通知，前些日子的传言变为了现实。很多女工被裁，名单上也有李娟的名字，李娟感到十分茫然。

×制鞋厂
小娟，我们现在怎么办？难道要回家吗？
我们先找个小旅馆住下，再找找工作试一下吧。

12.被裁的员工拿着行李茫然地走出工厂大门，她们议论下一步该怎么办。

晨光旅社
小娟，都好几天了，我们的工作还是没有着落，怎么办呢？
是啊，没有工作，我们这样只能坐吃山空，但是总不能这样就回家吧，要不再试两天吧。

13. 李娟和几个留下来的姐妹在一家小旅社租了一间房暂时安居。她们四处奔波找工作，可几天下来，毫无结果，大家很发愁。

你们好！这里是工会职业介绍所，请问有什么可以帮助你们?
我们的情况是这样的…… 咱们这里也可以推荐工作吗?
当然可以，你们要先在这里登记一下，两个工作日之内会给你们通知，针对你们所说的情况，我可以给你们推荐一名律师，给你们提供免费的法律援助
登记处
如果这样，那真的太谢谢你了。

14. 一天，李娟路过工会职业介绍所，她告诉工作人员想再找个工作，对方询问她以前都做过什么工作，李娟向工作人员说起了自己的经历。

你们好！可以把你们的情况再详细地给我讲一下吗？
你好！这位是刘律师，有什么问题可以向她咨询。

15. 工作人员告诉李娟，工厂的做法存在问题，侵犯了员工的权益。于是，这位工作人员为李娟联系并约见了法律援助律师。

我们是在制鞋厂上班，负责…… 刚进工厂时，厂里就收走了我们的身份证，并且只是简单介绍了一下工厂规定，第二天就正式上流水线工作了。
另外，有一天厂里拿来一些表格，说是“劳动合同”，只是让我们在最后一页签了名， 就收上去了，到了下半年，活越来越少，前几天，我们就被解雇了。

16. 律师认真地听取了李娟的介绍。

你们工厂存在诸多违法的地方：（合同方面）
1. 在录用人员的时候，没有签订书面的劳动合同，并且非法收取员工的身份证。
2. 为了规避法律，让员工签订虚假合同。
3. 没有经过法定程序任意解雇员工，解雇员工时没有给予法定赔偿。

17. 根据李娟的讲述，律师就李娟过去打工工厂的问题进行了法律解析。律师首先指出工厂在签订劳动合同时存在多处违法行为。

工厂还存在诸多违法的地方:(员工福利方面)
1. 加班时间太长，超出法律的规定。
2. 法定休假日仍要加班。
3. 没有给员工办理养老、医疗、工伤保险。
4. 没有对员工进行必要的岗前培训。

18. 律师告诉李娟，工厂还存在其他违法行为。

另外还有，在工作中，黏合胶水中含苯，易挥发，但却没给员工提供必要的防护设备。
也没有给从事有害工种的员工提供定期的健康检查。

19. 从律师那里，李娟还了解到她曾经从事的工作是对人体有害工种，工厂应该提供相应的劳动保护设备。

再见，有需要帮助的时候再过来。
是啊，我们要用法律来维护我们自己的权利。
小娟，看来学习一些简单的法律常识，真的是非常有必要啊。

20. 听完律师的介绍和分析，李娟觉得应该拿起法律的武器维护自己的权益，于是在法律援助律师的协助下，李娟她们有效地维护了自己的权益。同时李娟也希望像她一样出来打工的姐妹们，在走出家门之前，能够受到相关培训。

王文被调动记

同时调
离……
……

部队
地方
科研单位
转业
学历
我……我
文化程度低。
人事
后勤
这是新来的同事王文。
您好。

1. 王文从部队转业，被安排到某科研单位后勤部门上班。

王文利用下班时间
自学文化课程。
再见!
电大
录取
通知书
考生请注意时间!

2.虽然工作繁忙,但王文刻苦好学,她报考了电大并顺利被录取。

刘稳
老师，我想请教一个问题。
是这样的。
……
我在××单位上班，你呢？
真巧，我也是！
正好，一起回去吧。

3. 王文向在电大代课的一位老师刘稳请教问题，交谈中得知他们在同一单位上班。

在相处的日
子里他们相爱了。

4. 王文、刘稳相识、相知到相爱并结为了夫妻。

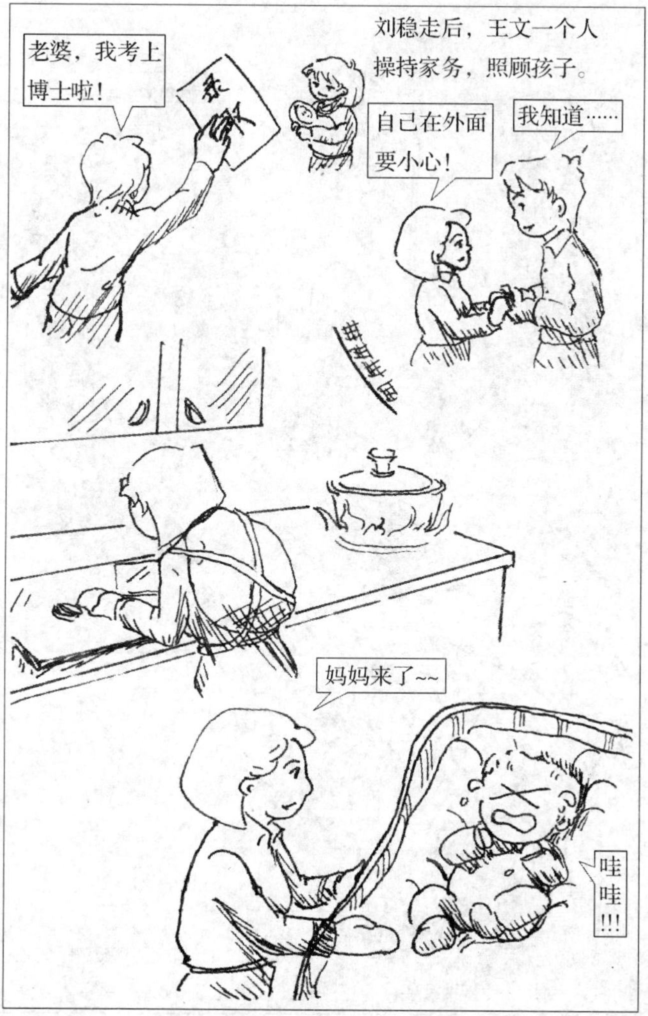
自己在外面要小心!
我知道……
刘稳走后，王文一个人操持家务，照顾孩子。
老婆，我考上博士啦!
妈妈来了~~
哇哇!!!

5. 婚后，王文全力支持丈夫，包办了家里的所有家务。婚前在工作中追求上进的王文现在是一位标准的贤妻良母了。而刘稳则一心扑在事业上，并考取了某科学院的博士。

刘稳华业后……
我回来了!
叫爸爸

6. 刘稳顺利读完了博士。在王文的精心照顾下，孩子也一天天长大了。

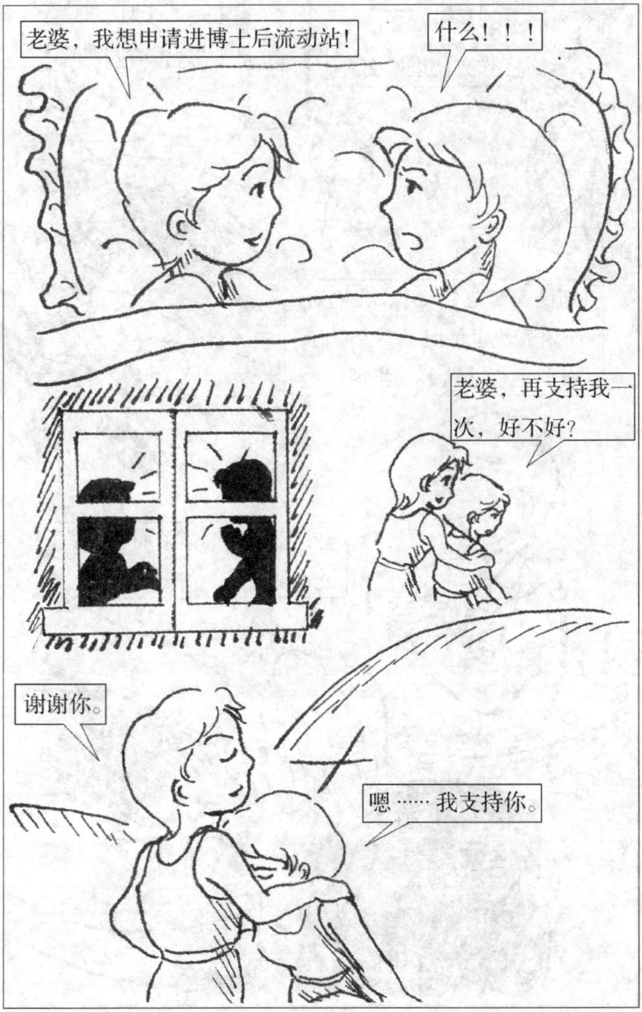
老婆，我想申请进博士后流动站!
什么! ! !
老婆，再支持我一次，好不好?
谢谢你。
嗯……我支持你。

7. 刚刚读完博士的刘稳向妻子道出了自己的想法。

我想申请调动工作方便进站交流。
人事部
今天，我们讨论一下刘稳申请调动的问题。
刘稳确实是个人才，我们为了培养他也付出了不少心血，以前也有过这样的事情……
好，那就按照以前的方式来处理吧！

8. 刘稳向单位提出了调动工作的申请，领导们专门为此开会商讨，会议决定沿用过去的办法。

单位同意你调走，但是，王文也要一起调走！
啊？！
单位说……
什么！！

9.单位的“一起调走”决定让刘稳和王文都感到震惊。王文这么多年待在后勤部门，没有任何技术专长，又年届中年，哪个单位会接收她呢？

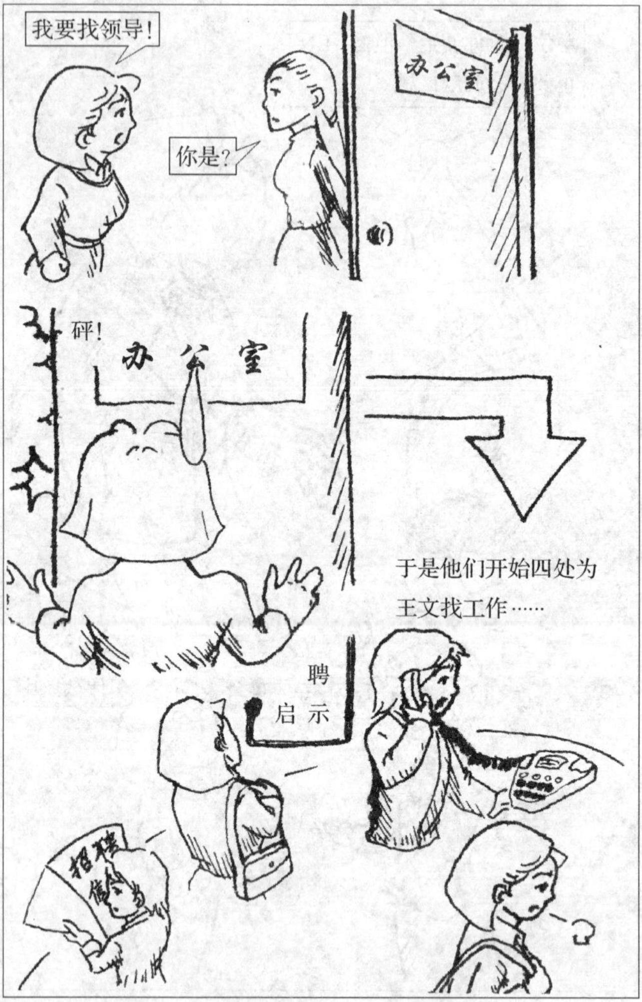
我要找领导!
你是?
办公室
砰!
办公室
于是他们开始四处为
王文找工作……
聘
启 示

10. 王文去找单位讨个说法,可没能见到领导。王文与刘稳只好决定先四处为王文联系其他单位。一联系工作才知道,王文根本没有任何优势,很多单位连她的求职表都不接收。

找不到工作，怎么办呢？
要不……我找单位说说先把我的调动办了！
协议书
刘稳
王文
××单位

11. 因为无法在短期内为王文找到调动单位，夫妻俩商量让刘稳先到单位办理调动手续。

要继续学习啊?
恭喜!
谢谢
你必须把你爱人的
档案一起带走。
啊?!
我的档案怎么能
让你领!
我要退回
档案!!!
档案

12.单位让办理调动手续的刘稳带回了王文的档案,王文气愤地到单位人事部门理论。

王文多次找单位协商均被拒绝……
协商
这份协议书是不是你们签的?
是，可是!
那你们就应该按这个办!
协议书
可它是违法的!
反正你必须走!
你!!

13. 王文不断地找单位，她向单位领导指出那份协议是违法的，对方却不予理睬。

闹归闹，可也解决不了什么…… 难道我就这么没工作了？
妇联
嗯！
您好，我想咨询个事。
请说吧。
你是有独立劳动权的，你们单位这样做不合法。
您好，单位要……

14. 在单位没有得到满意的答复，王文来到了妇联，接待她的律师告诉王文，王文所在单位的做法是极其错误的，因为女性依法享有自己独立的劳动权。

我想委托你做我的律师。
和用人单位发生劳动争议的劳动者可以向劳动仲裁委员会申请仲裁，不服仲裁裁决的可以向法院起诉。
仲裁申请
应该准备这些材料！
劳动纠纷证据
劳动关系证明
身份证明
申请书
立案大厅
劳动仲裁委员会

15. 在与单位多次交涉没有结果的情况下，王文聘请了律师并向劳动争议仲裁委员会申请仲裁。

请签收信件。
仲裁委员会?
××科研单位
王文为了工作的事提起仲裁了，你们谈谈对于这件事的看法。
我们单位为了培养刘稳付出多少？他走了把他老婆留下？
刘稳是刘稳，王文有她自己的工作啊!
争论不休
结论还是:王文必须走，准备材料应诉!!

16. 单位在收到应诉通知后，依然坚持过去的决定：让王文与刘稳一起调离单位。于是劳动争议仲裁委员会对王文与单位间的劳动争议进行了开庭审理。

我先确认一下，你们是否同意调解?
不愿意！！！
那现在开庭。
然后是你们
单位。
首先由你陈述
事实和理由。
好!

17. 双方当事人不同意调解。

部队
地方
后勤
王文开始叙述她的工作经历。
我是王文的律师，你们单位的做法是不合法的。
什么？！
我承认你很认真，可我们单位为了培养刘稳付出了太多…… 这些都是为了培养他，我们单位付出的证据。
王文是王文，刘稳是刘稳，他们是两个独立的人，他们和你们的劳动关系也是各自独立的，用人单位不能因为丈夫的关系擅自解雇妻子，这是违反《中华人民共和国劳动法》和《中华人民共和国劳动法》的。

18. 双方当事人进行了激烈的辩论。

这份协议书上有王文和刘稳签的字，是有法律效力的，我们按照协议书约定的处理，有什么错？
我当时要不签，你们根本不给刘稳办手续！
也就是说，王文是受到胁迫才签订了这份协议书，它不是双方真实意思的表示，按照《中华人民共和国合同法》的规定，这份协议书并不必然具有法律效力！
种种证据都表明了单位让王文调走没有任何法律依据。
仲裁员

19. 双方依然各执一词。

庭审结束，
现在宣判。
仲裁员
××单位违反了《中华人民共和国劳动法》的规定，侵犯了王文的劳动权，因此裁定：××单位限期恢复与王文的劳动关系。
不客气，公正裁判是我的职责。
太谢谢您！
法律是公正的！

20. 仲裁员宣布裁决结果，认定单位的制度是违反法律规定的，王文胜诉了，她非常激动。

刘霞被提前退休记

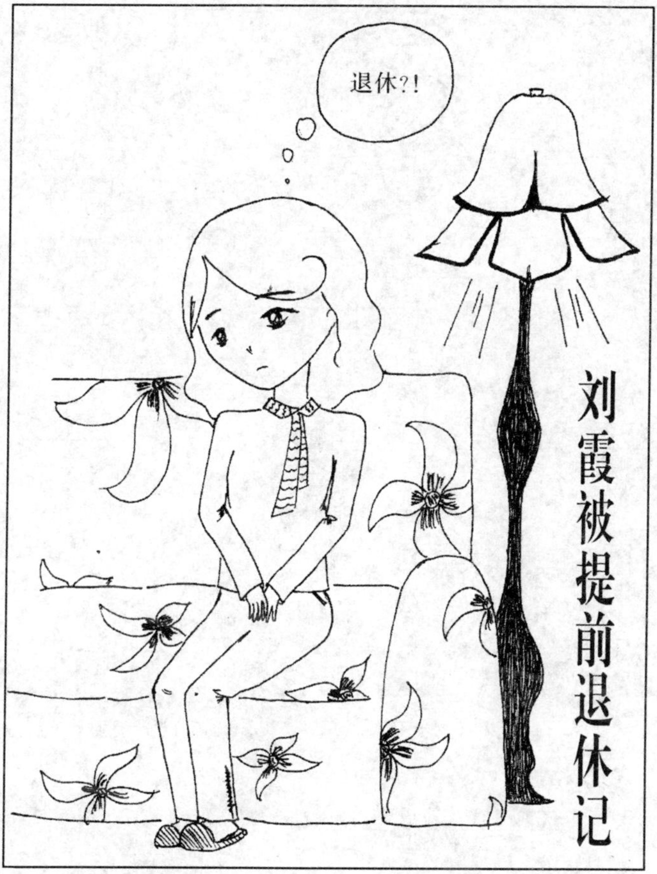
退休?!

××机械厂
欢迎新职工

1. 1978 年，刚满 20 岁的刘霞成为了某机械厂的一名工人。

刘霞，快点睡觉吧，还在看你的会计书啊？
知道了。

2. 在工作期间，刘霞白天在车间干活，晚上利用业余时间自学会计课程。

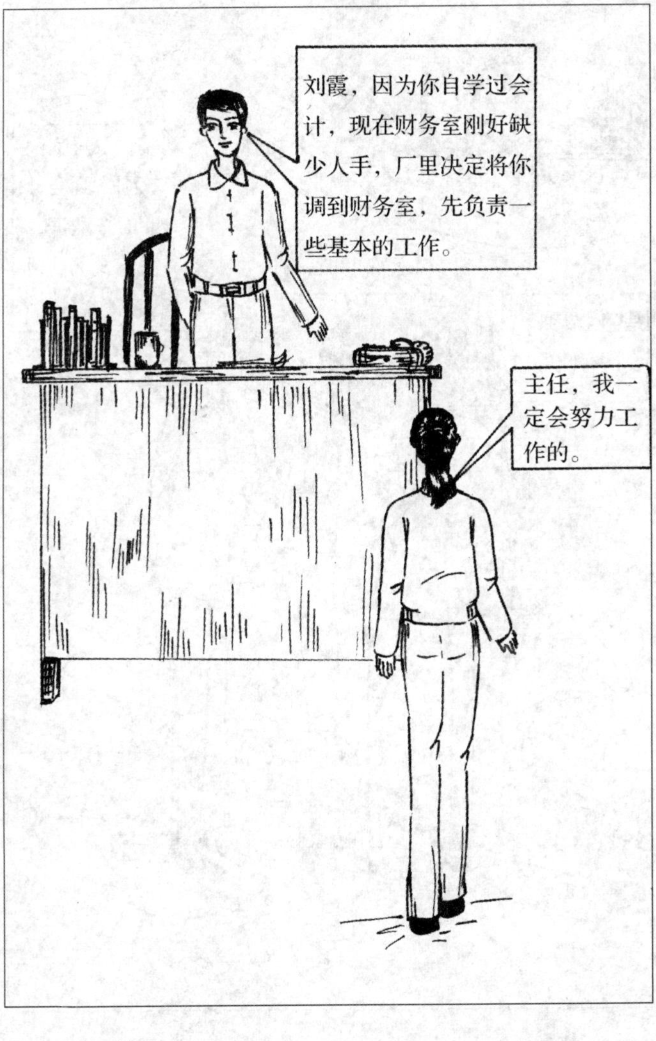
刘霞，因为你自学过会计，现在财务室刚好缺少人手，厂里决定将你调到财务室，先负责一些基本的工作。
主任，我一定会努力工作的。

3.1983 年，刘霞被借调到厂财务室负责一些基本工作。

刘霞每天更加刻苦学习，终于……
刘霞，双喜临门了，刚拿到会计专业的毕业证，又被正式调到财务室工作。
好的，没问题
是啊，恭喜了，要请客吃饭哦
证书

4. 刘霞经过努力终于拿到了会计专业的毕业证，并被正式调入厂财务室。

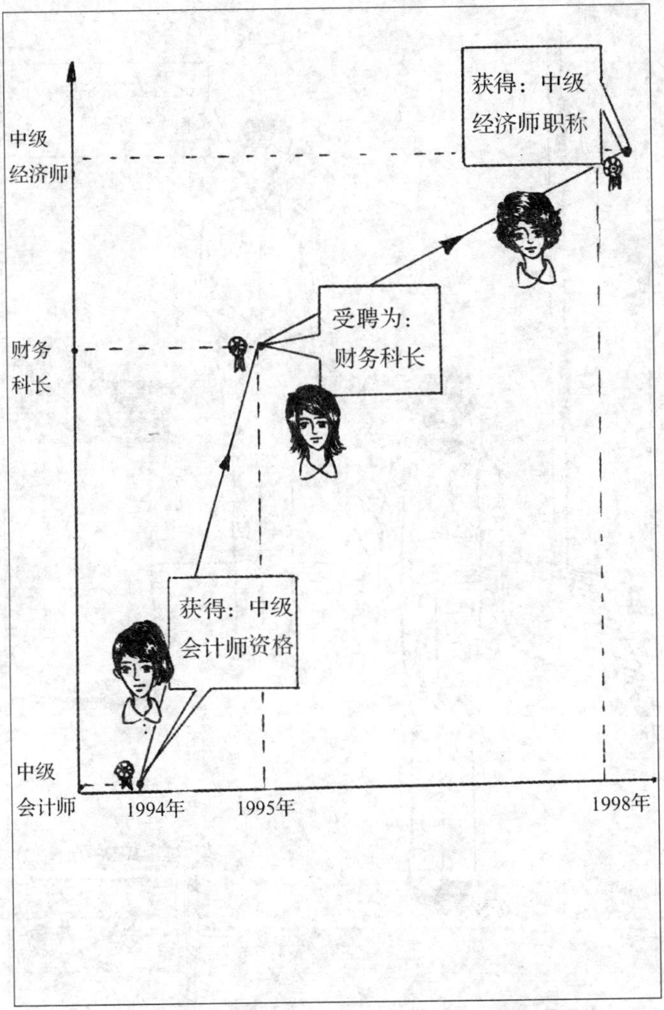
获得：中级
经济师职称
中级
经济师
受聘为：
财务科长
财务
科长
获得：中级
会计师资格
中级
会计师
1994年
1995年
1998年

5. 1994 年，刘霞通过考试获得了中级会计师资格。1995 年她被提拔为财务科科长。1998 年刘霞评上了中级经济师职称。

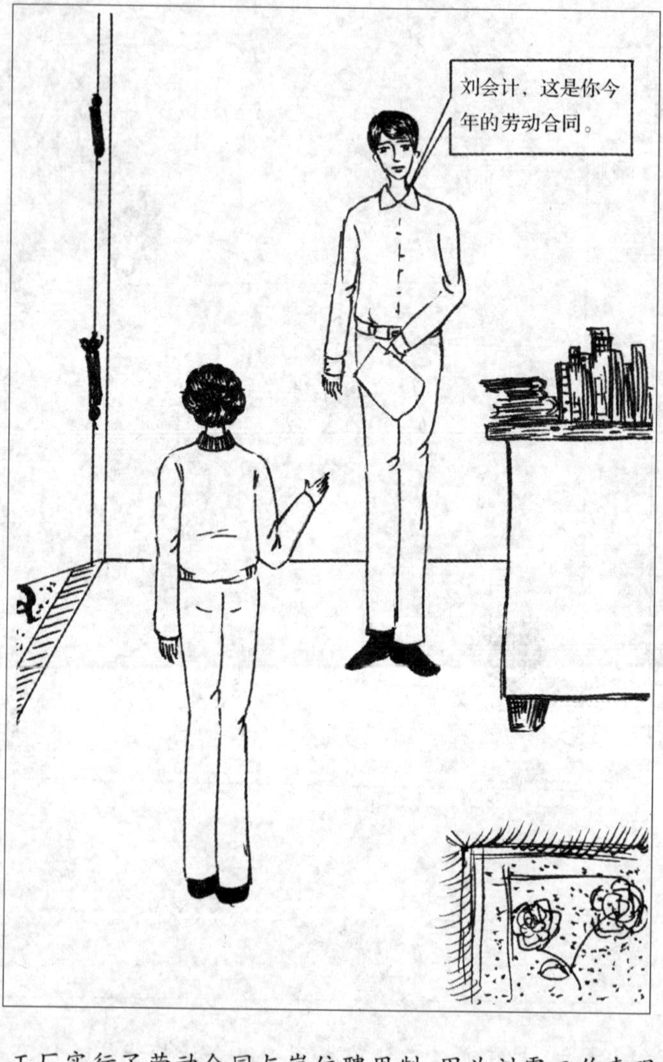
刘会计，这是你今年的劳动合同。

6. 工厂实行了劳动合同与岗位聘用制，因为刘霞工作表现良好，她一直被聘在岗。

刘会计，你退休的年龄到了，明天到人事科办理一下退休手续吧。
什么？我刚过完50岁的生日，应该55岁退休才对，怎么会……

7.2008年，刘霞刚过50岁生日，厂里就通知她办理退休手续。

主任，是不是厂里搞错了，干部不是要55岁退休的吗？
不会搞错的，刘会计，你进厂时是工人，一直都是，所以是50岁退休，没有错。
人事

8. 刘霞认为自己还应该再工作 5 年，于是去人事科询问，对方回答，因为刘霞是工人，并且是女性。

图书馆
我有专业技术职称，也在该岗位工作，为什么不可以55岁退休呢？
还是下班后去图书馆查查资料，了解一下吧。

9. 刘霞不理解人事科的回答，她决定去图书馆查找相关资料了解一下。

男女不同年龄退休是对性别的歧视。
干部和工人不同年龄退休是对身份的歧视。
法律类
法

10. 查看资料后，刘霞才明白，男女不同年龄退休是性别不平等的表现，是对女性的一种歧视待遇，而工人和干部不同年龄退休，是对身份的歧视。

法律类
女性早退休，损害女性利益。
导致工作权利丧失
收入降低
退休金不足
女性早退休
≠
对女性照顾

11. 刘霞过去一直认为女性早退休是对女性的照顾，现在自己碰到这样的问题才意识到强制性的早退休是对女性劳动权利的侵害，这将直接导致女性工作权利丧失、收入降低、退休金不足等问题。

争取男女同年龄退休
法律类
女性提前退休根本无
助于解决我国就业难
的问题。

12. 刘霞也了解到，这个问题已经引起了很多人的重视，很多专家开始关注并发出“男女应同年龄退休”的呼声了。

我也希望自己和男性同年龄退休，但现在只要能给我按照干部岗位，55岁退休就行了。
法律类
法律
看来现在要想男女平等同年龄退休，还是存在一些难度的。

13. 刘霞不奢望自己能和男性年同龄退休，但她认为这么多年来，自己实际从事的是干部工作，像她一样工作和身份相分离的也不止自己一人，她只希望工厂能让自己按照干部年龄退休。

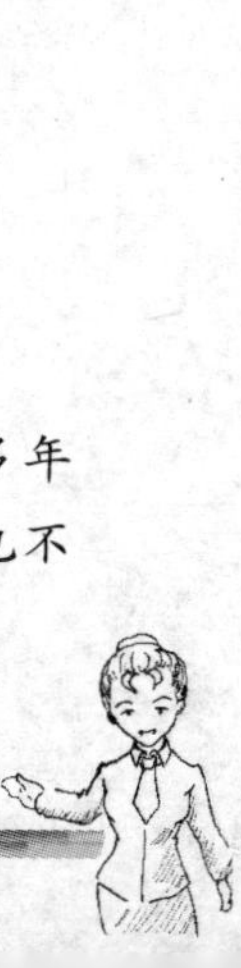

今天去图书馆查了好多资料，真没想到有这么多问题，这该如何解决呢？
我听说工会可以帮助职工解决这类问题，要不明天去咨询一下？

14. 刘霞回家和丈夫说起自己被要求退休一事，丈夫建议她去工会咨询一下。

你好，这里是工会维权部，请问有什么可以帮你的吗?

15. 第二天，刘霞来到了工会，工会维权部的工作人员接待了她。

像你这种情况，劳动部《关于贯彻执行〈中华人民共和国劳动法〉若干问题的意见》第75条中有相关规不定。
厂里说我应该是工人，所以要50岁退休。
我想问一下，我1978年到机械厂上班，1998年工厂实行劳动合同岗位聘用制，我一直被聘在岗，可今年我才50岁，可厂里却让我办理退休手续。

16. 刘霞将自己的工作经历及厂里让她现在退休的事情一一道出。

所以，像你这样的情况，应该执行55岁退休的标准。
《关于贯彻执行〈中华人民共和国劳动法〉若干问题的意见》第75条：用人单位全部职工实行劳动合同制度后，职工在用人单位由转制前的原工人岗位转为原干部技术岗位或由原干部技术岗位转为原工人岗位，其退休年龄和条件，按现岗位国家规定执行。

17. 工会维权部的工作人员告诉刘霞，依据《关于贯彻执行〈中华人民共和国劳动法〉若干问题的意见》第75条规定，刘霞应该55岁退休。

不好意思,按咱们厂里现在的规定，你确实到退休的年龄了。
我去图书馆查了资料，也去咨询过工会职工维权部门，像我这种情况应该执行55岁退休的标准才对，不然你也去看一下。

18. 刘霞来到机械厂人事科，希望用法律规定来说服对方，但没有任何结果。

回来啦！今天同厂里谈的怎么样？
唉！没有结果。
没关系，我也咨询了，咱们这种事可以先到工会劳动局反映，再不行就到劳动议仲裁委员会去。

19. 刘霞同丈夫商量决定再去工会和劳动局反映自己的事情，如果还不行，就到劳动争议仲裁委员会解决。

我相信这个事情总会有一个结果，看了这么多书和法律规定，我觉得其实干到60岁退休也没问题。
是吗？那咱们就加油吧！

20. 刘霞希望这件事情会有一个好的结果，同时也期待男女同年龄退休有一天能变为现实。

张元生育被裁记

樱木服装厂
日资

1. 高中毕业后，张元进了一家日资服装厂，成为了一名车工。

现在厂里的人员
流动性好大。
是啊，感觉好
多女职工生完
孩子以后，就
不上班了，那
我们到时候怎
么办？

2. 张元与同事聊天，说起一些女工生孩子后就不上班的事(实则已被单位辞退)，觉得很不能理解。为什么这些女工生孩子后就不上班了呢？张元想：如果换做自己还是会选择上班，毕竟有一份收入心里踏实一些。但因为这事离自己还很远，也没有多想。

亲爱的，我们就快要当爸爸、妈妈了，真的好期待啊。

3. 张元结婚了，不久就怀孕了，但她仍然做车工工作。

现在每天都感觉到工作好累啊，身体难以承受了。
我看还是算了吧，厂里就没有这样的先例，说不定就让我“回家”了。
那可以向厂里说一下，给点照顾。

4. 张元经常加班加点，随着产期临近，她虽然感到有些无法承受，但为了不失去工作，仍然坚持上班。

医生，孩子好吗？大人怎么样？
放心吧！大人小孩都很好！
我当爸爸了！

5. 一天晚上，张元突然出现临产征兆，家人急忙将她送往医院，张元剖腹产下小孩，全家都非常高兴。

张元？生孩子？要请假？
这件事以后再说吧。
哎……
请假条
请假条
请假条

6. 第二天，丈夫去单位替张元请假，工作人员表现很冷漠，这让张元暗自揣测，自己是否会失去工作？

今天，我去厂里要求继续上班，可是……
什么？你要求回厂上班？不好意思，你因为“连续旷工”已被工厂除名了，还有生育费用的报销当然也是不可能的了。
什么？他们怎么能够这样做？我明明是替你请了假的，我去找他们理论去。

7. 张元休完产假就回到厂里希望能安排上班，然而遭到拒绝，张元十分难过。

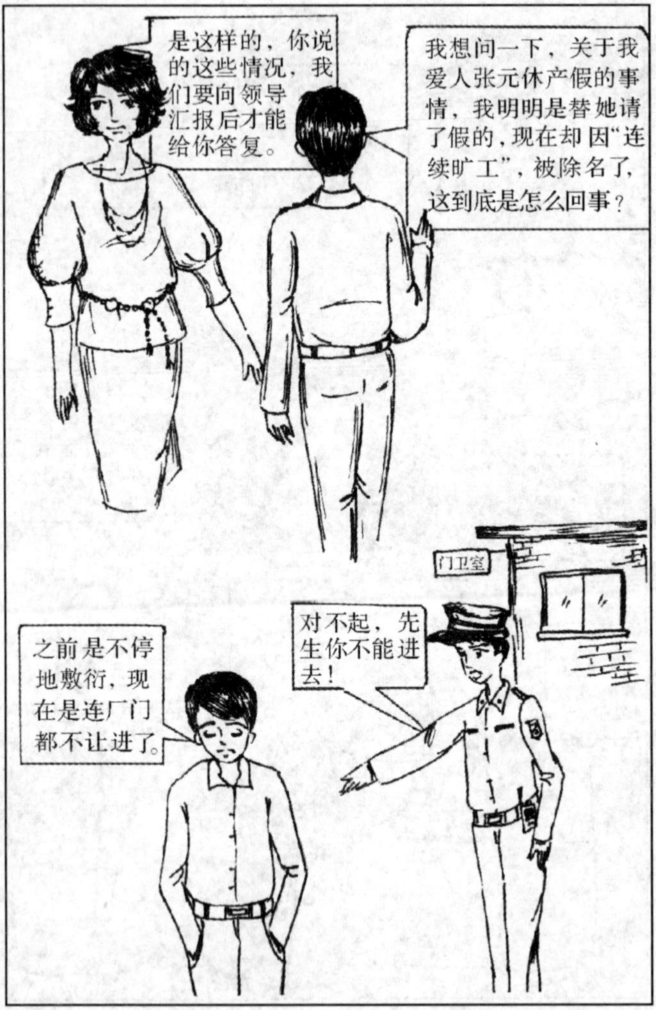
我想问一下，关于我爱人张元休产假的事情，我明明是替她请了假的，现在却因“连续旷工”，被除名了，这到底是怎么回事？
是这样的，你说的这些情况，我们要向领导汇报后才能给你答复。
门卫室
对不起，先生你不能进去！
之前是不停地敷衍，现在是连厂门都不让进了。

8. 张元的丈夫找张元的单位，工作人员却一再敷衍拖延，去的次数多了，他连厂门都进不去了。

赶快吃饭吧，告诉你一个好消息，今天我从报纸上看到省总工会成立了困难职工帮助中心，我们可以去试一试啊！
是吗？那太好了，过两天我休假就去咨询一下。

9. 听说省总工会成立了困难职工帮助中心，夫妻俩心中燃起了希望。

丈夫无奈、愤怒的表情
自己无奈的表情
工厂里相关人员
不屑的表情

10.张元回想起自己生孩子后的一些事情，心里不知是什么滋味。

你好！这里是省总工会困难职工帮助中心，请问有什么可以帮你的？
是这样，我爱人在一个服装厂工作好多年了，前些时间生小孩，结果工厂却因为这把我爱人解雇了。
先生，是这样，我给你推荐一位徐律师，相信她一定会帮你解决难题的。

11. 张元的丈夫前往省总工会困难职工帮助中心，工作人员热情地接待了他。

你好，很高兴为你提供帮助。
张先生、张太太，这位就是徐律师，你们有什么难题尽管同她讲！
徐律师，你好！

12. 省总工会困难职工帮助中心委派徐律师为张元提供了咨询，张元了解到厂里的这种做法是违法的。

什么？她居然到仲裁委提交仲裁申请书了？
仲裁申请书
<副本>
徐律师，我们根据你的意见同工厂协商，但他们不同意。
像你这种情况应该是先同工厂协商的，但现在协商无果，就只能向仲裁委提交仲裁书了。
那我们先签一份委托协议，最后你在这份仲裁申请书上签个字。

13. 在与厂里交涉无果的情况下，张元决定用法律维护自己的权益。

关于咱们厂职工张元的事情，大家都说说。
这种情况不止她一个人，得好好考虑一下。
如果再这样下去，恐怕事情会越闹越大。
涉及面太大，和解最好。

14. 厂里中层开会商量张元的事情，大家都认为应通过和解避免事情闹大。

张元，你看这件事我们这样的解决好不好？给你报销300元医疗费，工资按每月600元的标准发放直到你产假结束。
你这样的要求我们不能接受，这样会给工厂以后的管理工作带来极大的不利。
这样不合法。医疗费应实报实销，工资也应该按我以前的工资，每月1200元发放，并且要再按排工作。

15. 张元没有接受单位提出的调解方案，坚持医疗费应实报实销，并按上一年的平均工资发放产假工资的要求。

现在我宣布，张元诉服装厂不履行劳动合同案现在开庭。
工厂应报销医疗费，支付产假工资，安排工作或在哺乳期发放生活费。
我方要说的是张元合同已到期，无继续工作的可能，厂里有内部规定，医疗费300元包干，张元的基本工资是600元。

16. 劳动仲裁委仲裁庭开庭审理了张元诉单位一案。

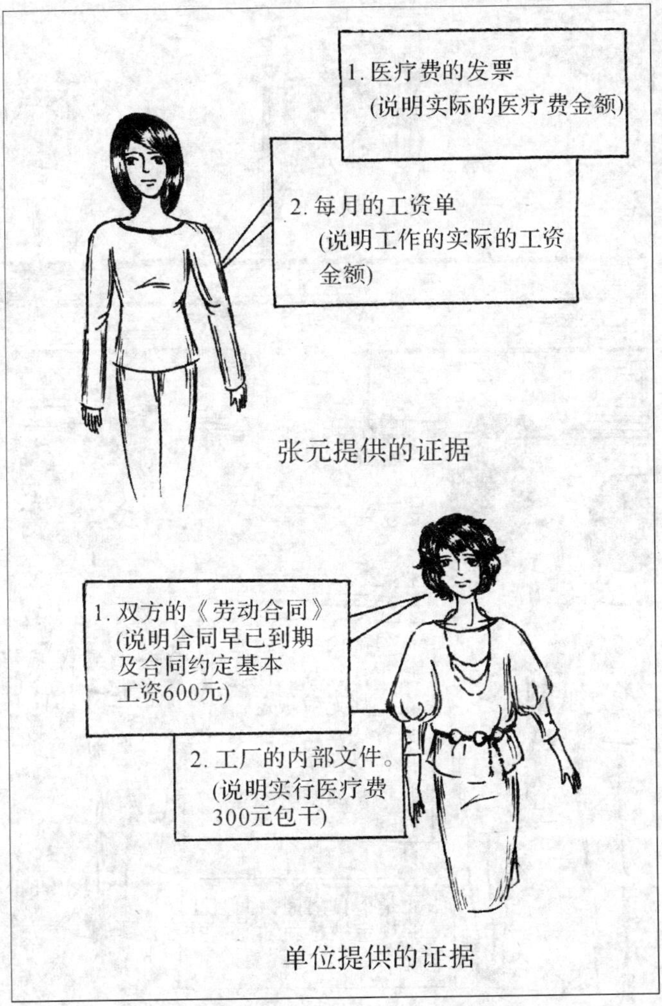
1. 医疗费的发票
(说明实际的医疗费金额)
2. 每月的工资单
(说明工作的实际的工资金额)
张元提供的证据
1. 双方的《劳动合同》
(说明合同早已到期及合同约定基本工资600元)
2. 工厂的内部文件。
(说明实行医疗费300元包干)
单位提供的证据

17. 双方出示证据。

厂里的内部规定违反了法律强制性规定，属无效规定，另外法律规定：不得在女性孕期及哺乳期解除其劳动合同。
张元是擅自离岗，而且工厂的规定她早就知道，并未提出异议。

18. 双方进行了激烈的辩论。

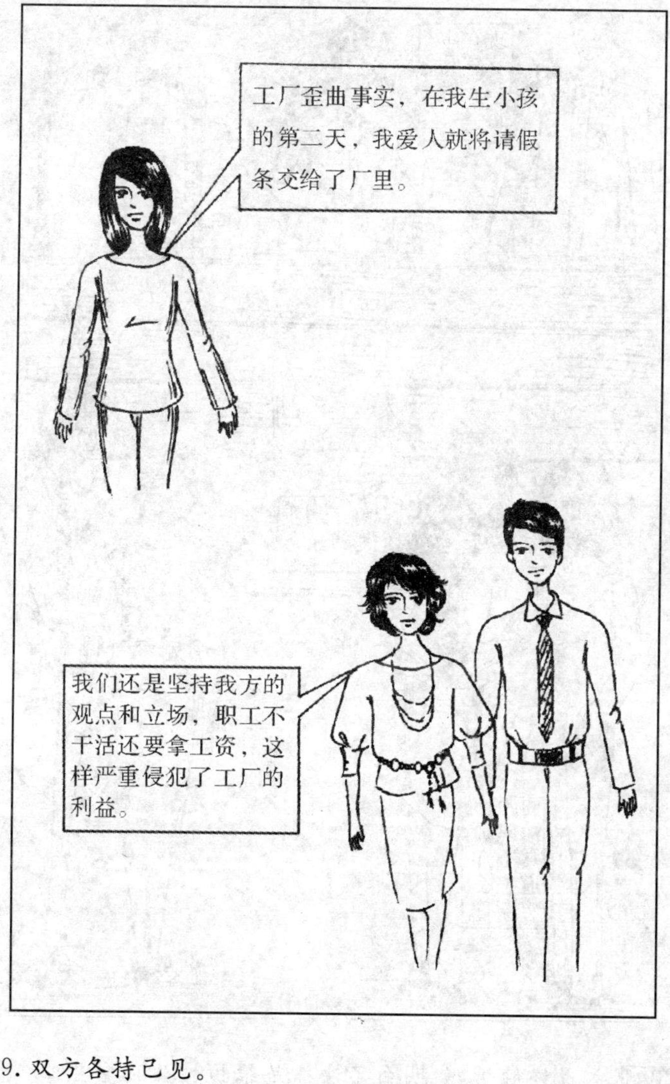
工厂歪曲事实，在我生小孩的第二天，我爱人就将请假条交给了厂里。
我们还是坚持我方的观点和立场，职工不干活还要拿工资，这样严重侵犯了工厂的利益。

19. 双方各持己见。

现在本庭宣布，张元胜诉。
太好了，我们胜诉了。
谢谢你徐律师，真不知道怎么感谢你。

20. 张元最终胜诉，她明白了法律是维护权益的重要工具。

晓华讨工钱记

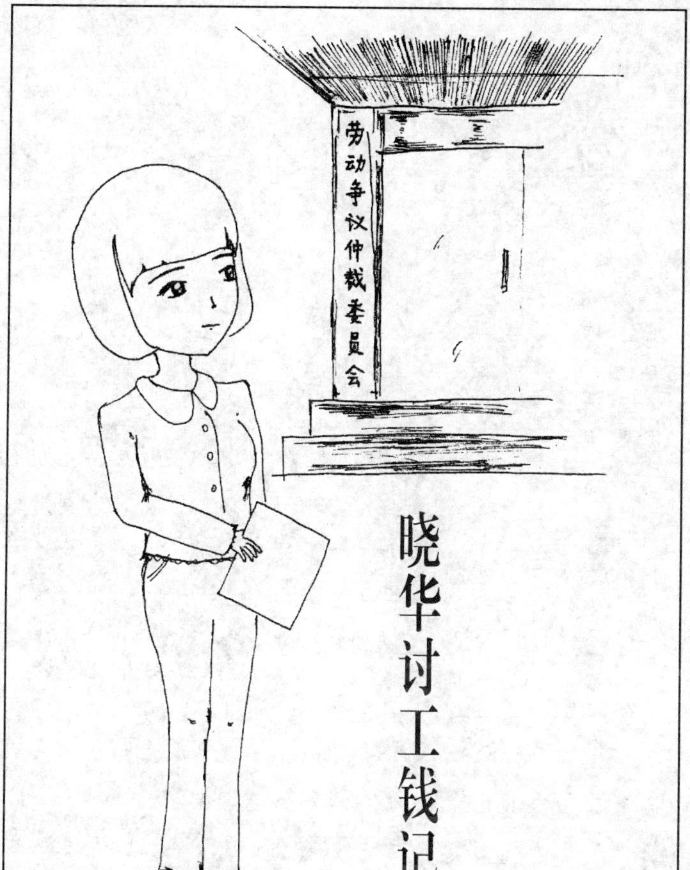
劳动争议仲裁委员会

务室
我想一会儿领了工资，先给我家里汇500元。

1. 晓华在一家工厂打工，最近她和姐妹们总是不能按时按量领到自己的工资。

非常抱歉！这个月的工资还需再晚几天才能发。
我已经在咱们厂工作三年多了，可最近半年的工资都没有按时全额发放过，这是为什么呢？
我们来领这个月的工资。

2. 这一次，晓华她们又被告知不能按时领工资了。

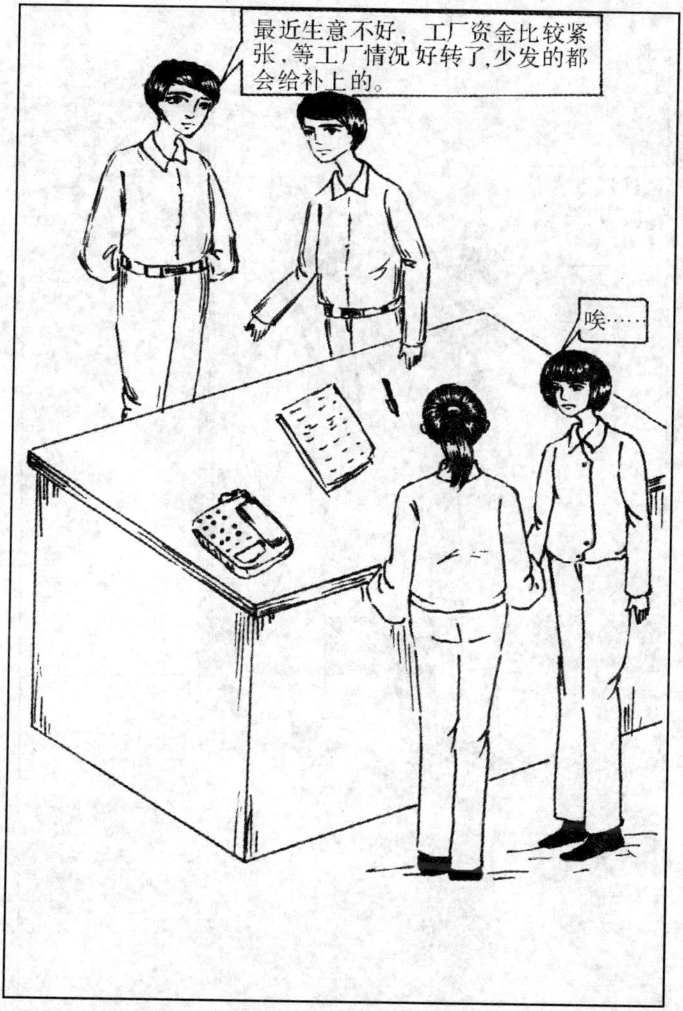
最近生意不好，工厂资金比较紧张，等工厂情况好转了，少发的都会给补上的。
唉……

3. 老板安抚员工，说最近生意难做，订单减少，并且承诺一旦情况好转一定会给大家补发工资。

财务室
这样下去，工厂会不会就要裁人了？
是啊，我也好担心呢！

4.晓华和工友谈起工资的事情，不禁担心起工厂会否就此裁人。

是啊，我就听说有的地方老板连夜卷款走人的，到时候我们可怎么办啊？
如果到时候被裁了，又拿不到拖欠的工资怎么办呢？

5. 大家更担心到时如果被裁掉，还拿不到拖欠的工资，那该怎么办？

裁员会拿不到
拖欠的工资！
也有老板卷款
走了，什么都
拿不到！
1月份少发的工资 150元
2月份少发的工资 500元
3月份少发的工资 370元
…… ……
5月份少发的工资 900元
+ 所欠加班费 600元
3000

6.晓华初步计算了一下，工厂已经拖欠她3 000元工资了。

1. 解决工资拖欠，需提供哪些证据？
2. 解决拖欠工资问题的流程是什么？
3. 用人单位与劳动者未协商一致，又将如何？
4. 劳动者申请劳动争议仲裁的执行程序。
5. 免费法律服务。
6. 工伤职业病的赔付。

7. 趁工休日，晓华来到网吧，查询了有关工厂拖欠工人工资的问题，从中她了解了一些解决问题的办法。

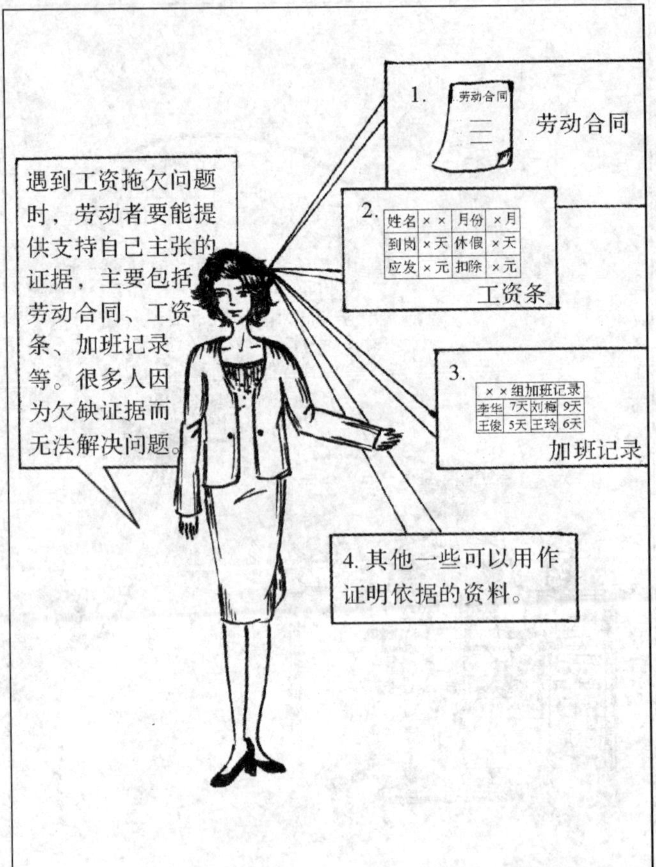
遇到工资拖欠问题时，劳动者要能提供支持自己主张的证据，主要包括劳动合同、工资条、加班记录等。很多人因为欠缺证据而无法解决问题。
1.
劳动合同
劳动合同
2.
姓名 ×× 月份 ×月
到岗 ×天 休假 ×天
应发 ×元 扣除 ×元
工资条
3.
××组加班记录
李华 7天 刘梅 9天
王俊 5天 王玲 6天
加班记录
4. 其他一些可以用作证明依据的资料。

8. 遇到工资拖欠情况时，首先要注意收集好证据。

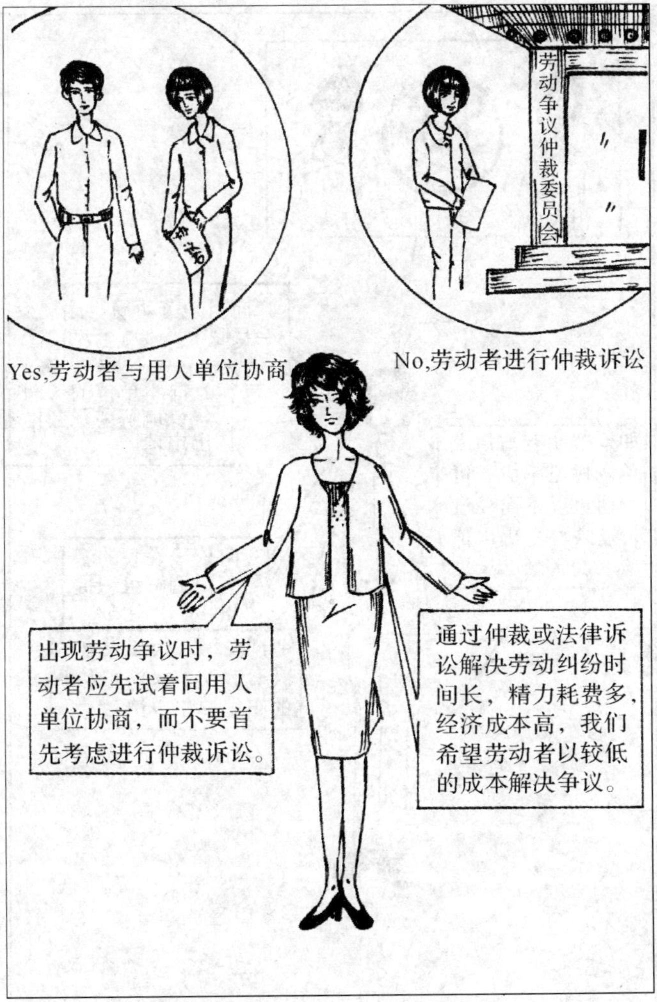
劳动争议仲裁委员会
Yes,劳动者与用人单位协商
No,劳动者进行仲裁诉讼
出现劳动争议时，劳动者应先试着同用人单位协商，而不要首先考虑进行仲裁诉讼。
通过仲裁或法律诉讼解决劳动纠纷时间长，精力耗费多，经济成本高，我们希望劳动者以较低的成本解决争议。

9. 同时可以先尝试和企业进行协商，因为这种方式比较简单，而且成本较低。

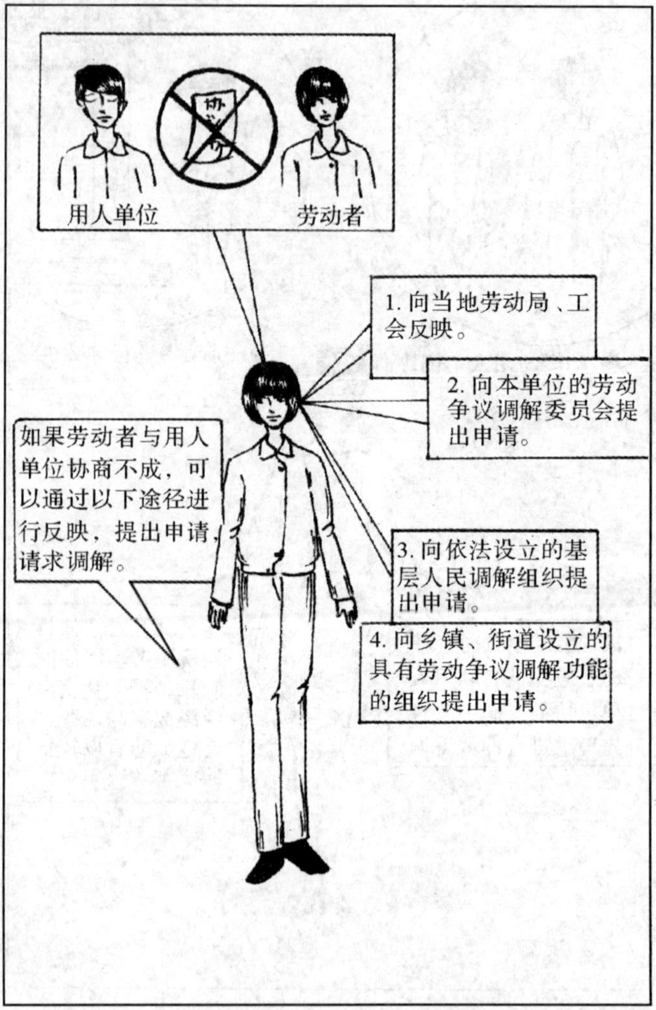
用人单位
劳动者
1. 向当地劳动局、工会反映。
2. 向本单位的劳动争议调解委员会提出申请。
如果劳动者与用人单位协商不成，可以通过以下途径进行反映，提出申请，请求调解。
3. 向依法设立的基层人民调解组织提出申请。
4. 向乡镇、街道设立的具有劳动争议调解功能的组织提出申请。

10. 如果与单位协商不成，可以向当地劳动局或工会反映。除此之外，还有多种可以调解的途径和渠道。

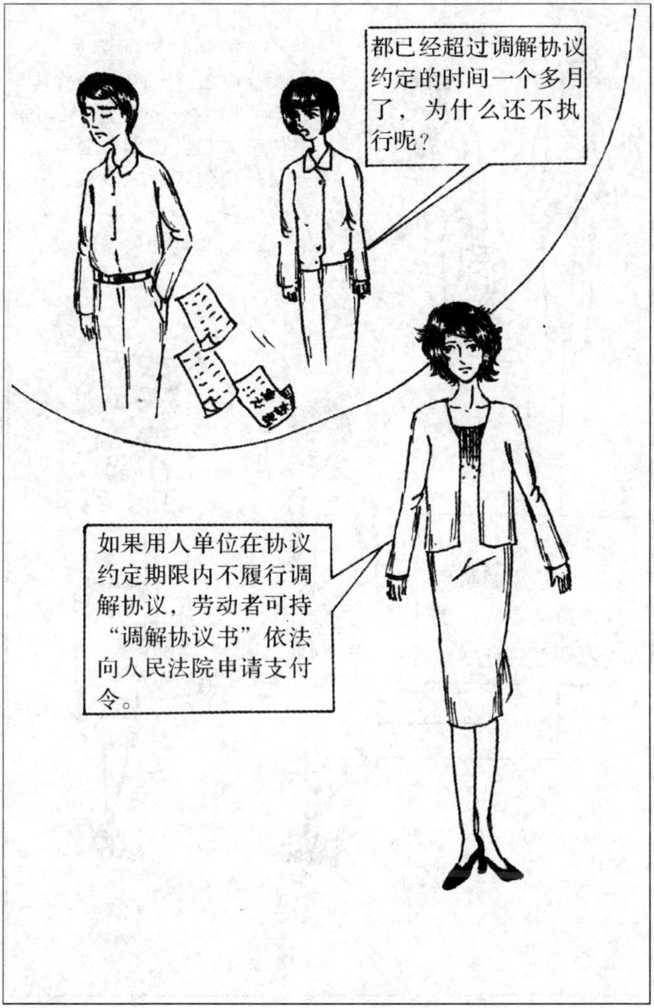
都已经超过调解协议约定的时间一个多月了，为什么还不执行呢？
如果用人单位在协议约定期限内不履行调解协议，劳动者可持“调解协议书”依法向人民法院申请支付令。

11. 如果单位不履行调解协议，劳动者可以向法院申请支付令。

唉……
一年限制：劳动者应知道或应当知道其权利被侵害一年内向劳动争议仲裁委员会提出书面申请。如果是拖欠工资的争议，只要劳动关系存在，不受一年限制，除非劳动关系结束。
如果通过以上途径，都无法达成调解协议，劳动者就应通过劳动仲裁解决。

12. 劳动者还可以通过劳动争议仲裁解决问题。

劳动争议解决的流程：
1. 劳动者如对仲裁裁决不服，可在收到仲裁裁决书之日起15日内向人民法院起诉。
2. 劳动者如对法院一审判决不服，还可在收到判决书之日起15日内向上一级法院起诉。
3. 如对二审判决不服，还可向法院申诉或提请抗诉。

13. 通过仲裁或法律诉讼方式解决劳动纠纷，可能会是一个时间长、耗精力、成本高的过程，必须收集好证据并作好心理准备。

如果用人单位不履行生效的《仲裁书》或《判决书》，劳动者可通过法院申请强制执行！
××市人民法院

14. 如果已经生效的《仲裁书》或《判决书》得不到履行，可以通过法院申请强制执行。

你好，这里是法律援助中心，请问有什么可以帮到你?
我需要请一名律师帮我解决工资纠纷，但这需要多少钱呢?
别担心，我们中心可以免费提供帮助。
真的吗?太好了。

15. 如果经济上确实有困难，可以通过法律援助中心申请法律援助。

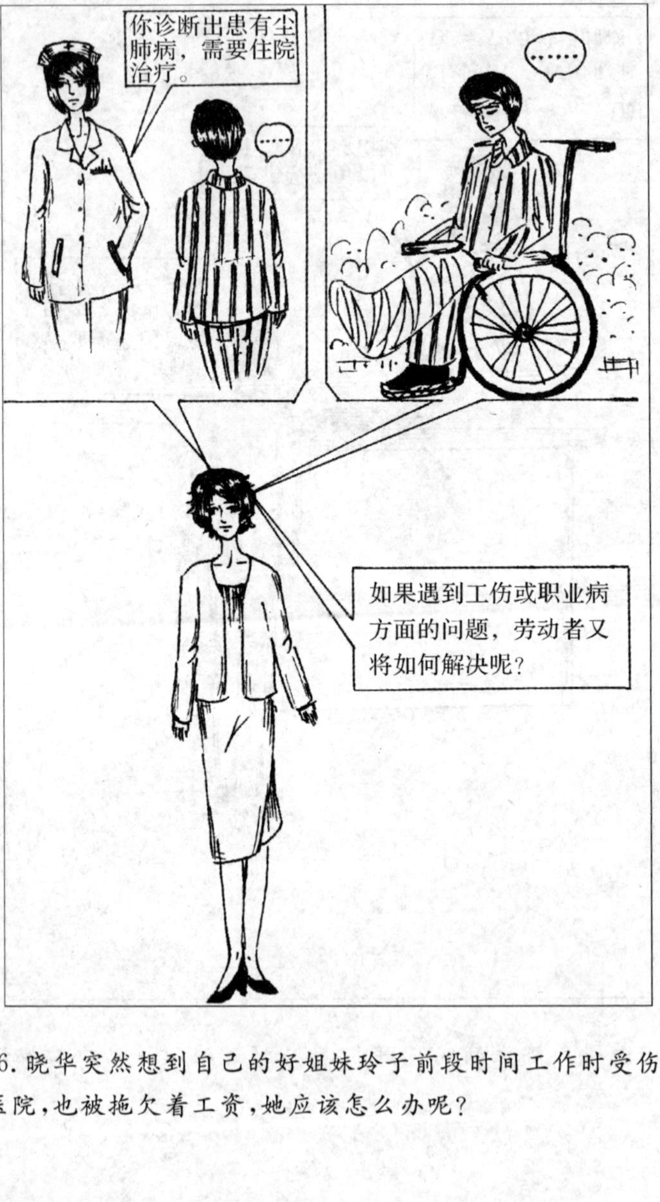
你诊断出患有尘肺病，需要住院治疗。
……
……
如果遇到工伤或职业病方面的问题，劳动者又将如何解决呢？

16.晓华突然想到自己的好姐妹玲子前段时间工作时受伤，现在还在医院，也被拖欠着工资，她应该怎么办呢？

劳动工伤鉴定
这个是我的《工伤鉴定报告》。
劳动者需到劳动部门进行工伤认定，鉴定劳动能力及职业病等级。
然后再拿《工份鉴定报告》到用人单位要求赔偿。

17. 劳动者应该先到劳动部门进行工伤认定，然后进一步作劳动能力鉴定，确定职业病等级，再向有关单位要求享受工伤人员相关待遇的赔付。

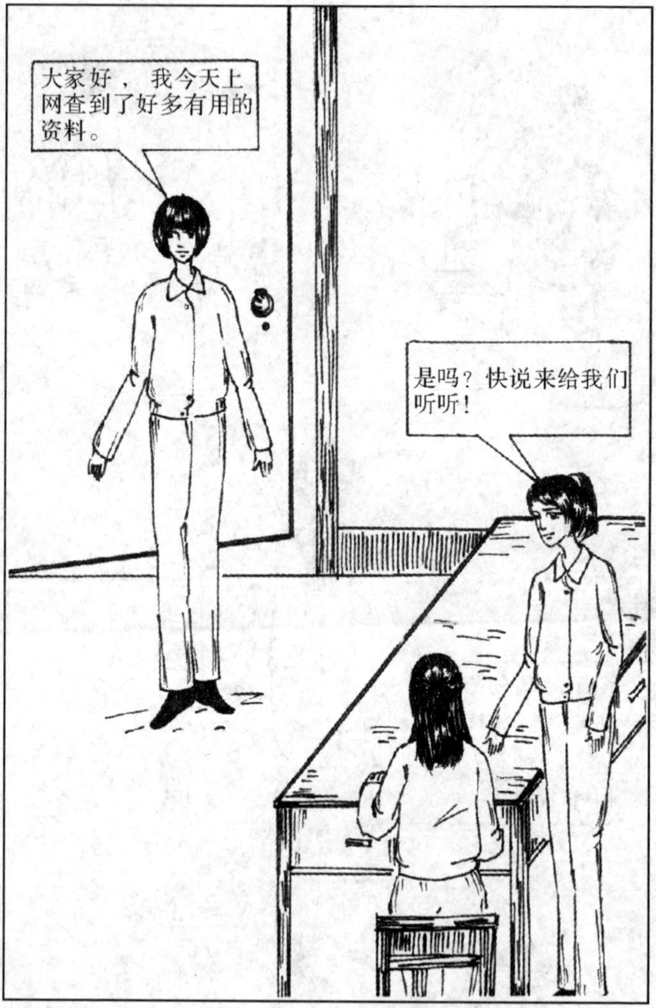
大家好， 我今天上网查到了好多有用的资料。
是吗？快说来给我们听听！

18. 通过查找资料，晓华觉得自己长了很多知识。

像我们厂这种拖欠工资的情况，首先我们应该……
原来是这样，那我们明天就去厂里，同他们协商吧。
是啊！明天我们就去。

19. 晓华给工友们介绍了解到的法律知识，大家七嘴八舌地议论起厂里拖欠工资的问题。

为我们应得的劳动报酬
加油！！！

20. 她们决定一定要为自己应当得到的劳动报酬讨个说法。

预防性骚扰宣传记

WORK

工作场所布置淫秽图片
用下流语言挑逗异性
除上述几种情况，广义的性骚扰不单指妇女而言，同性间亦可构成性骚扰。
故意触摸异性敏感部分

1. 在日常生活中，经常发生各种形式的性骚扰。

不予理睬，及时离开。
美女，交个朋友吧？
请你马上把手拿开！
Hi，美女！等车啊？
遇到陌生男性搭讪，不要理睬，若他一意孤行，也可请警察协助。

2. 公共场所性骚扰。

美女，你怎么会不认识我呢?
你怎么把我忘了?
我非常想你呢。
最近好烦，老有一个陌生电话骚扰。
是吗?那你一定小心，不要理他。
对不起，你打错了。
这部电话装有追踪设备，请你不要再打过来了。
如果你再打来，我就要报警了。

3. 通过电话进行性骚扰。

小美，这是送你的礼物。
……
小美，怎么样？礼物喜欢吗？
你的行为实在无聊，请你收回，否则我会投诉。
要消除贪小便宜的心理，不要轻易接受异性的邀请与馈赠。

4. 通过淫秽物品进行性骚扰。

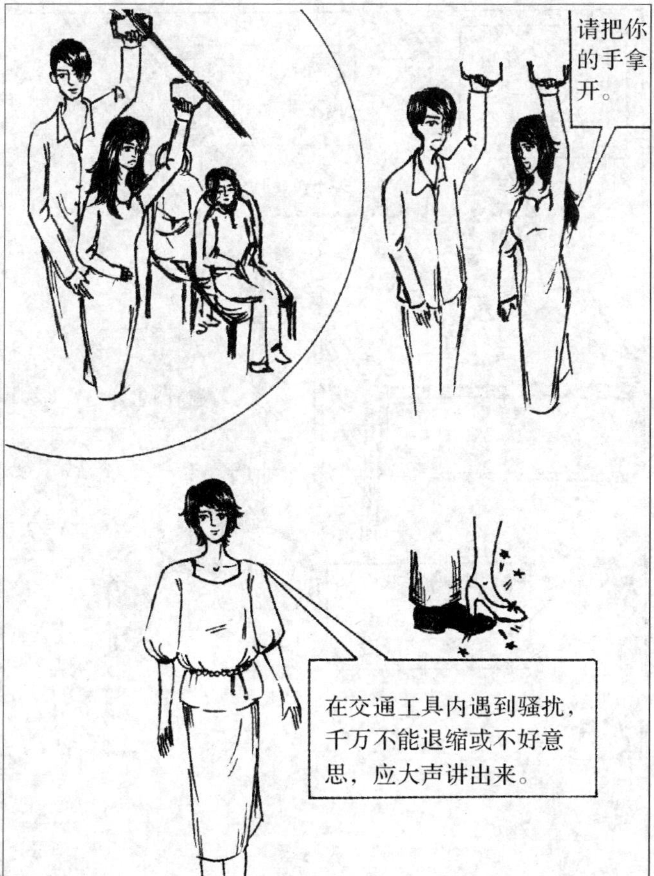
请把你的手拿开。
在交通工具内遇到骚扰，千万不能退缩或不好意思，应大声讲出来。

5. 公共交通工具上的性骚扰。

小丽，还在自习呢，有什么不懂的地方吗？
不如这周末到我家来补习吧！
这……为什么是两个人……哎！
李老师，我们来补习了。
如遇到品行不良的男老师，应向家长和学校寻求帮助。

6. 校园性骚扰。

<员·工·公·告·栏>
听说公告栏贴了谁的裸照。
去看看！
不要问了我也不知道……
小美，这是你什么时候的照片，怎么会在这儿！
瞧！阿珍的身材多辣啊！
就是说啊。
阿珍，有时间吗？陪我一会儿好吗？
麻烦你让开。

7. 同事间的性骚扰。

小美，怎么样，最近工作还适应吗？
李总，你的手……
老板……这……
很多时候，老板利用职务之便对女员工提出同其上床，或以其他方式回报他的好意的要求，否则将得不到提升。
老板,这……
今天到我家……不然……

8. 上司的性骚扰。

请你离开
这里。
小美，你今天的味
道真特别。
请把你的手
拿开。
啊……
在职场中遭到性骚扰
时，应果断拒绝，必
要时可拨打110报警。
天啊！他原来
是这样的人。
请你放尊重一
点儿，不要动
手动脚的。

9. 应对职场性骚扰有很多方法，除此之外，还有很多预防性骚扰的妙招。

美女!
美女走
慢点儿!
应避免穿坦胸露背
或超短裙之类的服
装去人群拥挤或僻
静的地方。

10. 注意环境安全——预防性骚扰的妙招之一。

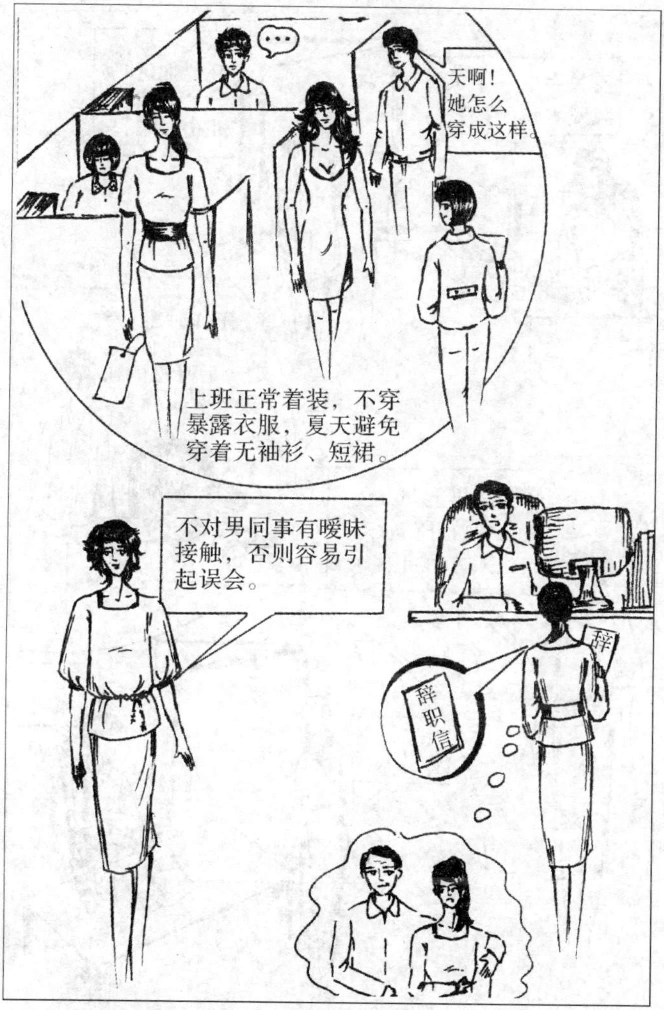
天啊！
她怎么
穿成这样。
上班正常着装，不穿
暴露衣服，夏天避免
穿着无袖衫、短裙。
不对男同事有暧昧
接触，否则容易引
起误会。
辞职信
辞

11. 穿着端庄——预防性骚扰的妙招之二。

没关系，一会儿我爱人过来接我。
小梅，今天又要加班吗？一个人要多加小心啊！
工作时累了，可上洗手间或走一走避免单独在办公桌上睡着。
单独进男上司办公室应保持开门状态，举止大方而自然。
徐总，你找我？
是的，来…

12. 行为端正——预防性骚扰的妙招之三。

让开
请你放尊重
如被色狼同事或上司袭击，应及时反抗，用手脚踢打周围物品，同时大声警告。另外，撑握一两招防身术也是必须的。
踢打周围物品，制造大的声响

13. 突袭反击——预防性骚扰的妙招之四。

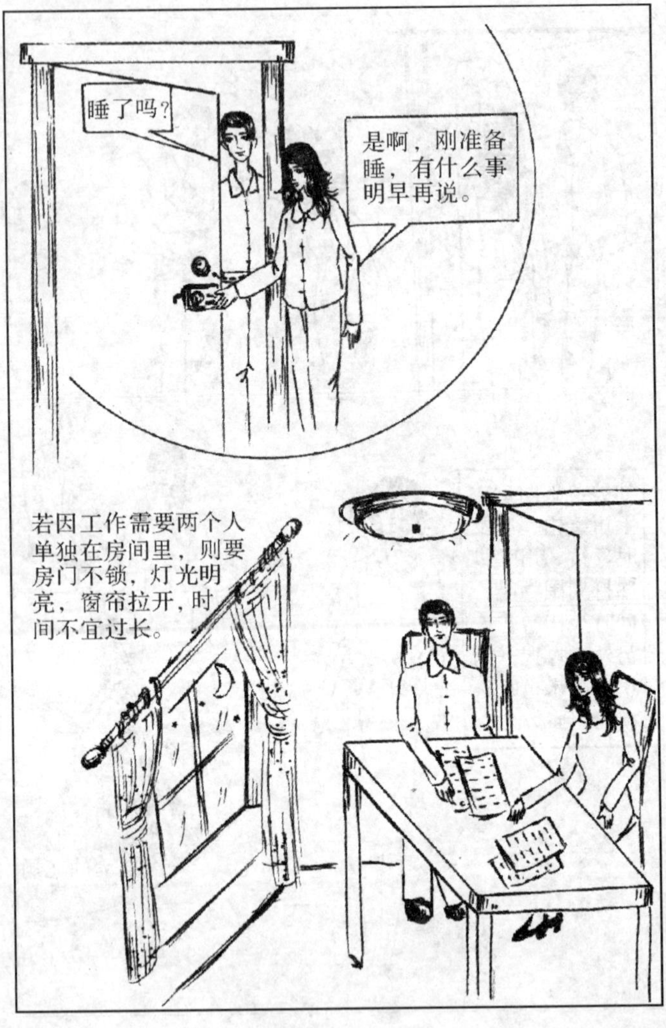
睡了吗？
是啊，刚准备睡，有什么事明早再说。
若因工作需要两个人单独在房间里，则要房门不锁，灯光明亮，窗帘拉开，时间不宜过长。

14. 空间开放——预防性骚扰的妙招之五。

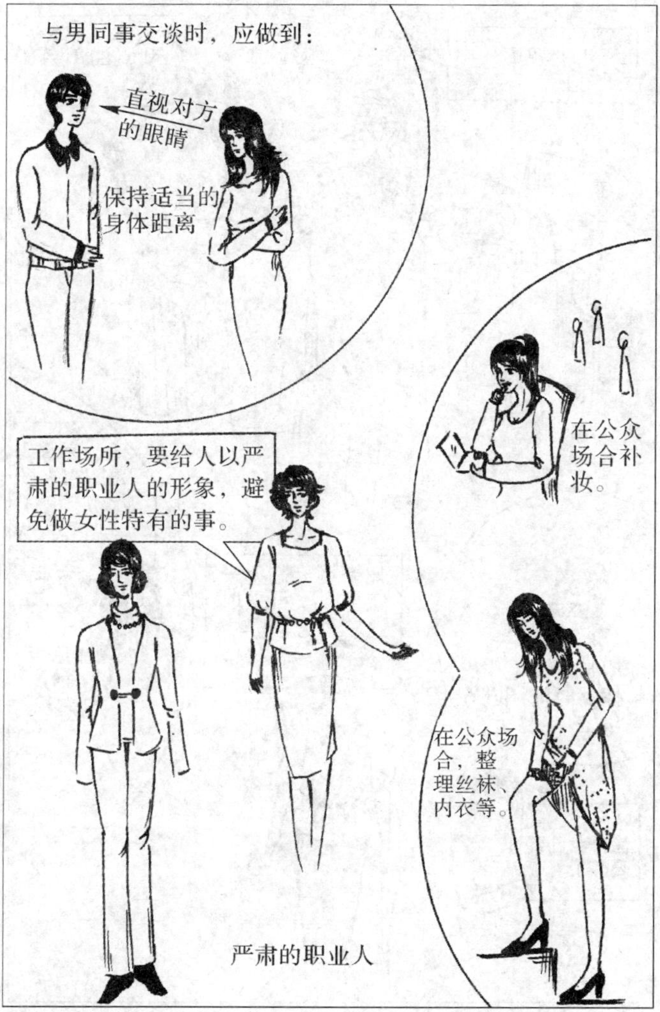
与男同事交谈时，应做到：
直视对方的眼睛
保持适当的身体距离
在公众场合补妆。
工作场所，要给人以严肃的职业人的形象，避免做女性特有的事。
在公众场合，整理丝袜、内衣等。
严肃的职业人

15. 体态端庄——预防性骚扰的妙招之六。

来，小刘，我们干一杯。
不行，徐总，我真的不会喝酒。
哥，你今天和同事一起吃饭，担心会喝醉，你一会过来接我吧。
如果不可避免一定要喝，可采取这三种方法。
随手带着小毛巾，趁擦嘴时把酒吐在毛巾上。
不行了，徐总我已经喝醉了。

16. 酒桌宝典——预防性骚扰的妙招之七。

小美，下班了，咱们去
金马电影院
红歌星KTV
美克酒吧
……
不用，我直接回家。
都不去，那我送你回家吧？
不用，我自己回。
小美，来，坐我旁边！
不用了，我就坐这儿吧。

17. 安全第一——预防性骚扰的妙招之八。

警惕陌生人的食物、饮料、香烟等。
陌生人
WC
头有点晕，难到刚才……
在公共场合，如中途离开，再回来请不要再食用桌面上的食物，若不小心被下药，则应在清醒时，找机会呼救。
哥，我不小心喝了被人下了迷药的饮料，你快来接我。

18. 谨防迷药——预防性骚扰的妙招之九。

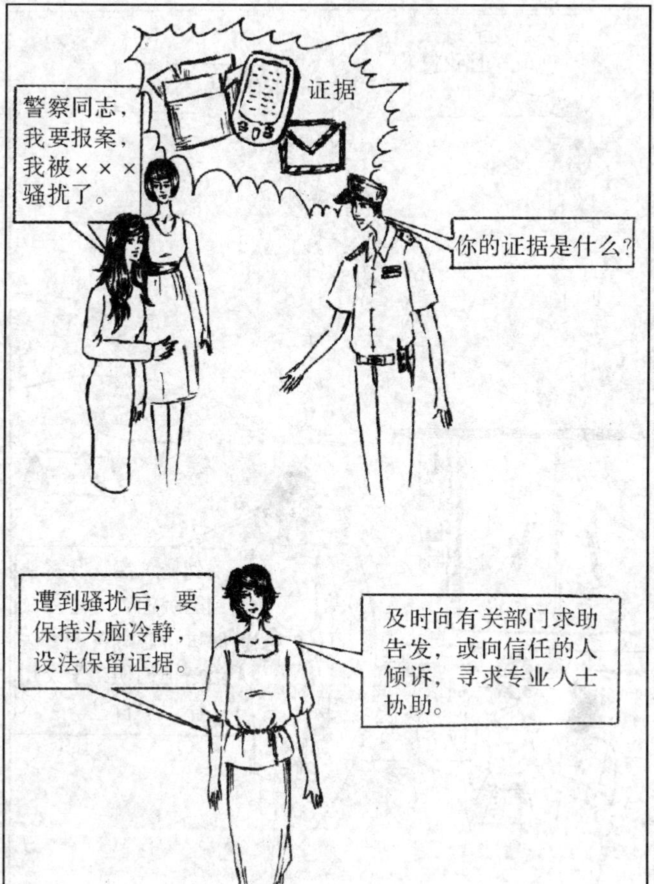
证据
警察同志，我要报案，我被×××骚扰了。
你的证据是什么？
遭到骚扰后，要保持头脑冷静，设法保留证据。
及时向有关部门求助告发，或向信任的人倾诉，寻求专业人士协助。

19.发生性骚扰后该怎么办？

这是我的抗议书，并且我已经报案了。
什么？你……
友谊医院
别怕，我们去医院做个检查。
法律咨询
心理咨询
受到伤害后，除尽快到医院检查，还应及时进行心理咨询，医治精神创伤，学会用法律保护自己。

20.《中华人民共和国妇女权益保障法》规定：禁止对妇女实施性骚扰，受害妇女有权向单位和有关机关投诉。

怀孕女工废气中毒记

023

不去啦！改天吧！我们木器厂晚上九点准时锁门，错过了就回不了宿舍了。而且，你们看这化工厂的浓烟，我得回去把晾的衣服收了！
江蓠，你真的不和我们一起去唱卡拉OK吗？多难得的聚会啊！

1. 江蓠在一家木器厂工作，隔壁的化工厂经常排放废气。

化工厂的废气都飘到咱们这边了，一定要跟厂里反映反映，让厂里跟化工厂协商一下！
是啊，咱们都成吸尘器啦……
*%&……#……
对于近期一些员工反映的隔壁化工厂排放废气，影响本厂职工正常生活的情况，厂里领导也研究过了，我们也只能提出意见和建议，无权干涉人家的正常生产，毕竟我们也不是执法部门呐！这点大家要理解……
%##@**……$&*……

2.木器厂工人对化工厂排放废气一事反应强烈，他们请求厂里向化工厂提出意见，但厂领导则表示无奈。

市妇幼医院
周日
18:00
知道啦！
回去吧！
木器厂通勤车
江蓠，照顾好自己啊！吃饭注意营养！
江蓠，这里！！慢点走，小心看路啊……
周五 18:00

3. 江蓠怀孕了，由于离家较远，她每周五下午下班后乘坐班车回家，周日晚赶回工厂，住在工厂宿舍。

妈，我很累，喝不下，想先去床上休息一会！
江蓠，快来喝鸡汤，刚刚熬好的，就等你回来了！
福
江蓠啊，现在这种情况不是长久之计，你怀孕了，工作强度大不说还来回奔波，吃不下东西，去和领导提提调回城里吧！
好吧！这次回厂里和领导提一下，但目前订单多而且急，我看未必能答应呢……

4. 这段时间江蓠回家后感到非常疲劳，丈夫建议江蓠调到城里的厂部上班。

你的这个要求，厂里没法接受，像你这种情况的女工，厂里不止一个。如果人人都提出调岗位，厂里很为难啊！
…… ……
实在坚持不了，我个人建议你选择离岗一段时间，安心在家休养待产，你看呢？回去考虑考虑吧！……
生活费
水电费
×××.×元
弟弟学费
××元
房贷
×××.××元

5. 江蓠提出的换岗要求被单位拒绝，厂里告诉她如果坚持不了可以申请离岗休假。

木器厂
快跑啊！……
警察同志，解放北路的化工厂发生了毒气泄漏，毒气全飘到隔壁的木器厂。
急救中心吗？这里是……请派救护车来，已经有人晕倒啦！对！化工毒气泄漏……

6. 一天凌晨，住在宿舍的员工发现化工厂毒气泄露，现场一片混乱。

木器厂
120
内科
医药费，哎~
……
哎……
厂长到现在
也没来处理，
也没来看望
大家……

7.110 迅速出警，将受害人员送往附近医院，员工们聚集在医院走廊等待救治，其中包括江蓠等三名孕妇，大家都为医疗费发愁。

安心休养，你们的情况开发区政府都知道啦！医疗费用也不用担心，区里已经责成化工厂先垫付了！不要有思想负担……
放心，你的身体没大碍！医院委派了最权威的医生负责救治！
作为化工厂的领导班子，希望你们能够切实负起责任来，解决好后续问题……
请刘书记放心~

8. 开发区领导闻讯赶来，要求工厂把救人放在第一位，员工们陆续得到救治。

同志，我是市环保局的工作人员，这次来是调查化工厂废气排放……
这废气啊，长年排放，一直没人管……
安全是福
化工厂
我在这家木器厂上班三年了，化工厂一直在排放废气，秋冬季风向一变，废气就都往木器厂这边涌，太难闻了，向厂里反映过，但也没效果。
把你知道的情况说说！
行政处罚通知
××化工厂：
因长期违规排放超标污染气体，造成严重影响，故责令停工，即日执行。
高新区环

9. 环保部门派出人员进行现场调查，了解到化工厂经常违规排放废气等情况，化工厂被责令停厂。

高厂长，你们这次废气中毒事件涉及三名孕妇，她们情况特殊，一定要安排妥善，保证她们得到救治……
区书记
阿姨，江蓠在家吗？我们是她的同事！
那请您通知她明早9:00去市二院做检查。
她刚刚睡着了~……
好的！……

10. 江蓠等三名孕妇的废气中毒一事反映到了开发区领导那里，区委书记要求化工厂妥善处理。

江蓠，你目前这种情况太特殊了，还找不到类似案例作为病情判断的依据，废气对胎儿的伤害无法通过现有医学手段检查出来，为了保险起见，建议你中止妊娠！
天呐！怎么会这样……
没事，咱们还年轻，还能再有孩子的，别难过……

11. 江蓠等三名孕妇来到市妇幼保健院进行检查，医生认为，因没有相关病例，无法判断废气中毒是否会对胎儿有伤害。江蓠较其他两人怀孕月份短，医生建议她最好进行流产处理。

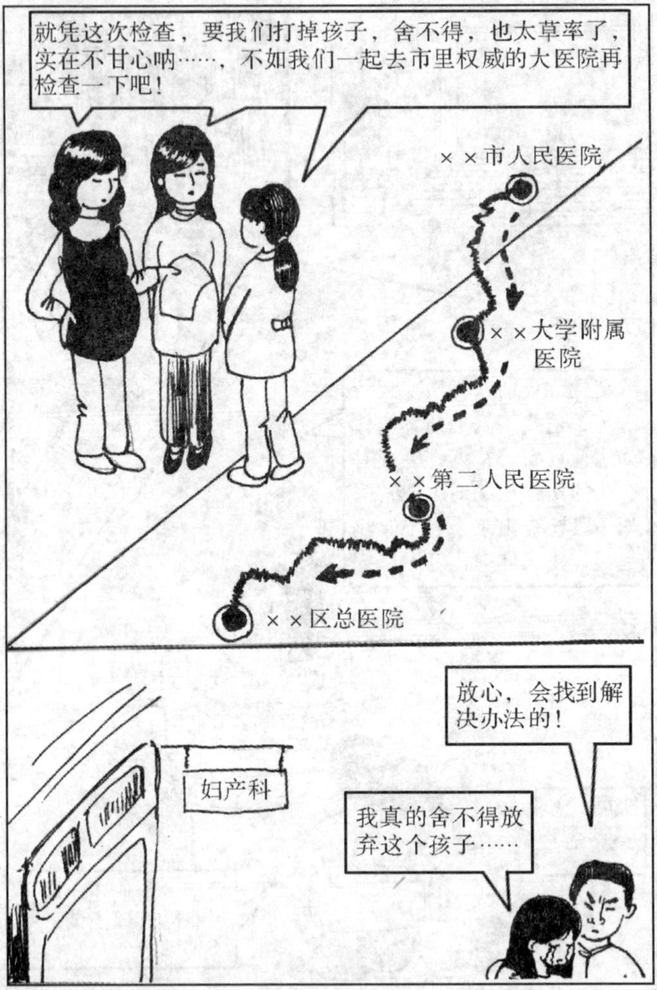
就凭这次检查，要我们打掉孩子，舍不得，也太草率了，实在不甘心呐……，不如我们一起去市里权威的大医院再检查一下吧！
××市人民医院
××大学附属医院
××第二人民医院
××区总医院
放心，会找到解决办法的！
妇产科
我真的舍不得放弃这个孩子……

12. 江蓠不愿意就这么打掉孩子，因为市妇幼保健院的医生没有给出确切的说法，孕妇们又去了几家大医院，然而答复都是一样的，她们非常痛苦。

化工厂
停工××
责令停工整
停工通知
由于近期发生的废气泄漏事件。
××××××
××××
××木器厂
木器厂
停工××
今天，把你们两家单位叫来，是商议一下化工厂废气泄漏事件的赔偿事宜。

13. 由于受到废气污染事件的影响，两家工厂均处于停产状态。虽然住院治疗的员工陆续离开了医院，但赔偿事宜还没有落实。

赔偿领取处
江蓠，这么折腾了一圈，即便是拿了补偿金，孩子的健康谁都没法保证……
是啊，咱们应当再去化工厂，要求胎儿健康保障。
我正在回来路上，区政府去过了，也说没有医学依据无法要求……
厂长，木器厂的孕妇又来找您商议胎儿健康的保障问题！
告诉她们，没有医学依据……

14. 其他员工拿到赔偿金后就没有找化工厂，而江蓠等孕妇们则要求化工厂对胎儿的健康有个保障，遭到化工厂拒绝。化工厂认为没有医学依据证明胎儿受到伤害，没有理由要求他们作出保证。

他们愿意支付流产的费用，可是这孩子我好舍不得！……
好好的，怎么摊上这种事啊……
说实话，真不想放弃这个孩子啊……
我现在就找他们理论，告诉他们要孩子。
不要钱

15. 化工厂提出了解决方案：愿意支付孕妇们流产的一切费用。江蓠等人与家人协商此事，大家都很痛苦。

木器厂
开工通知
江蓠，现在你就安心在家里休息，别惦记着上班啦！身体要紧。

16. 江蓠等人回到家里休息，两家工厂陆续开工。

请您一定通报，我们在这里等。
请报告张厂长，我们是上周毒气泄漏事件的受害孕妇代表，今天一定要见厂长协商……
木器厂
关于增加赔偿的函
木器厂：
经我厂研究，对于本次毒气事件中的受害孕妇，额外追加赔偿人民币叁仟圆整。
……
×××化工厂
¥3000

17. 三名孕妇与化工厂再次协商，化工厂同意给她们三人每人多支付 3 000 元算作赔偿。

是啊！没什么医学证据，希望咱们的宝宝平安！
拿完补偿之后，是否今后孩子的一切问题都和他们没有关系了？
补偿
补偿
补偿
厂里这样决定也是出于对你们的考虑啊！目前已经恢复生产，但是环境与情况尚不稳定，你们离岗休息，对自己和胎儿都有好处……
!!!离岗!?

18. 江蓠等人无奈地接受了化工厂的条件，领取了赔偿金。而木器厂也害怕江蓠等人出现其他意外，建议她们离岗。

好！大家都保重，有空来家里玩……
江蓠，保重身体！我们有空会去看你的！
谁负责？

19. 孕妇们离开工厂回家休养。然而她们心中的疑问却没有解开。

孕妇在怀孕期间遭遇工伤，
对孩子伤害的赔偿责任谁承担？
王老师上课途中从楼梯滑落
大家快去帮忙啊！二车
间有孕妇被机器扎伤了……
李会计在工作岗位不慎跌倒

20. 孕妇在怀孕期间遭遇这样的事情，如果对孩子造成了伤害，这些似乎只有女人才能碰到的“麻烦”，赔偿责任究竟该由谁承担呢？

劳
劳动法

小丽维权咨询记

阿姨，请收好你的存折！
请在这里为我的服务评分！
小姑娘，谢谢你，
真是又细致又耐心！
小丽！人事部让你马上过去一下！
好的！我录完这笔台账马上就去！
明天开始，不用来上班了，这是……
啊！这可怎么办?

1. 小丽在一家银行工作8年了，她一直任劳任怨。一天她突然接到单位人事部门通知，说她的劳动合同已被解除，不用再来上班。

佳美发
佳佳美发
明天不用上班……
××律师事务所
律师
请问
律师

2. 小丽实在难以想通这件事情，她觉得单位这样做没有道理。她心情差极了，茫然走在大街上的小丽无意间看到不远处有一家律师事务所。

我在这家银行工作8年……
能提供你长期工作的证据吗？
这是全单位都知道的啊！难道还需要证据来证明吗？
如果单位承认你工作8年这个事实，自然没有争议！但是一旦单位否定这个说法，你就必须拿出证据才能获胜……
噢！原来是这样啊！那，哪些东西可以作为证据？
想知道哪些东西可以作证据吗？耐心往下看噢！

3. 因为心中有太多的问题，小丽径直走进了律师事务所，她希望能问个明白。她向一位姓高的律师诉说起自己的遭遇。

劳动合同
甲方：××××
乙方：××××
××××
0760
工资明细
劳动合同、工牌、工资单以及单位同事的证人证言等，都可以作为在此单位工作的证据。
签过合同，可是单位没有给过我们怎么办？
如果有证据证明双方有合同，可以要求单位出示，如果单位拒绝出示，仲裁委或者法院可以推定劳动合同关系的存在，法律规定可以保护你！

4. 高律师耐心地给小丽介绍劳动合同的相关知识。

像我这种情况，可以向单位要求哪些东西？
你的劳动合同到期了吗？
已经到期了……
像你这种情况，可以向单位主张解除劳动合同补偿金，但是只能计算2008年1月1日《中华人民共和国劳动合同法》生效之后的，每工作一年补偿一个月工资！
如果合同尚未到期而被单位单方面解除劳动合同的，可以以单位没有正当理由解除劳动合同为由，要求继续履行合同。

5. 小丽向高律师咨询像自己的这种情况，能向单位提出些什么要求呢？高律师告诉小丽她可以向单位主张解除劳动合同补偿金。

对了，我在单位工作期间，单位从未给我缴纳过社会保险，该怎么办？
缴纳社会保险是单位的强制性义务，可以向单位主张补办，但是你要自己承担个人应缴的部分。
你们单位像你一样没有办理社会保险的人有多少？
我们单位的代办员都没有办理社会保险……
如果是这样，你可以联合其他员工，一起向劳动监察部门投诉，要求监察部门依职权对你单位的违法行为进行处理！

6. 当了解到单位没有给小丽和其他员工缴纳过社会保险这个情况时，高律师建议小丽可以联合其他员工一起向劳动监察部门反映这个问题。

我听说告状还有时效，那是什么意思啊？
就是说当你的权利被侵犯后，必须在一定时间内上诉，否则就不能胜诉啦！
啊！？不能胜诉是指？
就是你可以提起诉讼，但法院会驳回你的诉讼，但你的权利还在，你得自己想别的办法去维权。
请问，劳动争议案件的时效是多长？
从纠纷发生之日起一年，也就是一旦有了纠纷，一年之内必须向仲裁委员会提出申请！

7. 小丽向高律师咨询关于诉讼时效问题。

法院
仲裁委
劳动争议案件与别的案件不同，仲裁是前置程序，必须经过仲裁，对仲裁结果不服，才能向法院提起诉讼！
劳动争议案件只能去仲裁，不能去法院告吗？
呃……，请问还有别的途径吗？
像前面提到的，可以向劳动监察部门投诉，但两个途径不能同时进行。

8. 在高律师那里，小丽了解到如果她与单位发生劳动争议，必须经过劳动争议仲裁，仲裁不能解决问题，才能到法院提起诉讼。

我和我们单位的劳动争议纠纷归哪个仲裁委管?
你们单位是市级单位，由市劳动争议仲裁委管辖，劳动争议仲裁是根据单位的行政归属来确定管辖地的!
如果不服需要上诉，法院怎么确定?
法院的管辖由单位所在地的行政区划来决定，你们单位在哪个区，就归哪个区的法院管，他们的确定原则不一样!

9. 小丽所在单位属于市管单位，劳动争议属于市劳动争议仲裁委员会和所属区域法院管辖。

那请问，不聘请律师，自己打官司可以吗？
当然可以啦！只要自己对相关的法律与事实有了解，就可以。
开庭都是怎样的程序？
请看！
仲裁
被申请人席
申请人席

10. 对于小丽打官司是否一定要请律师的问题，高律师告诉她要根据自己对法律和事实的了解情况来决定。接着他还向小丽介绍了开庭的一系列问题。

仲裁庭成员
我们是仲裁庭组成人员……
报告法官，我有异议！
首先，仲裁委员会要宣布开庭纪律，告知仲裁组成人员。接下来法官会询问当事人对仲裁庭人员是否有异议，如果认为仲裁庭人员可能与本案有利害关系，会影响公正判决，可以申请回避，如果回避被批准，将另行组成合议庭，另约时间开庭。

11. 高律师介绍说，如果申请仲裁，在仲裁庭开庭后发现仲裁庭组成人员与案件有利害关系时可以申请回避。

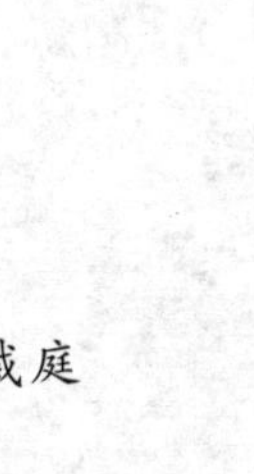

请问，开庭时是不是双方都必须到场啊？
不一定是当事人亲自到，可以委托代理人！
那如果不到，怎么办呢？
如果是申请人经合法传唤不到庭，会以自动撤诉处理。如果被申请人经两次合法传唤不到庭，可以缺席判决！
符合法律条件，已将开庭文件通知到了当事人的，如果当事人无明确联系方式，可以公告送达。
什么是合法传唤！

12. 高律师还为小丽介绍了开庭通知的送达方式。

请申请人开始陈述！××××××
接下来开始仲裁庭调查程序，申请人要将自己的仲裁要求及事实理由都陈述出来！接着申诉人会宣读诉状，仲裁员会要求被申请人答辩，被申请人会宣读自己的答辩状。
那么，接下来的步骤是什么呢？

13. 接着是仲裁庭庭审调查程序。

请申请人出示证据，
……
并将证据交由被申请人质证！
请被申请人就证据提出自己的意见！
接下来，法官会要求申请人出示证据，并将证据交由被申请人质证！被申请人就这些证据提出自己意见！

14. 举证与质证程序。

律师，难道被申请人不用提供证据吗？
当然不是，双方都需要举证，而且要交换证据！
下面由被申请人出示证据。
将证据交由申请人质证，被申请人提出的这些证据，申请人有什么意见吗？
证

15. 小丽向高律师提出了关于被申请人是否也要出示证据的疑问，高律师解释说，在劳动争议仲裁中，一般情况是谁主张，谁举证，也有个别情况属于举证责任倒置，像劳动关系是否存在、工资关系等。

接下来要进行的是辩论环节，由申请人首先发表第一轮辩论意见，被申请人反驳，接着进行第二轮辩论！
辩论会持续几轮？
轮数由仲裁员随机掌握，视具体情况而定！
辩论开始！首先……

16. 在双方举证之后，申请人与被申请人可以围绕争议焦点问题展开几个回合的辩论。

听起来真有意思！那么辩论结束后，要做什么？
接下来仲裁员会主持调解，征询双方意见是否同意调解，如果都愿意，则程序继续进行。
仲裁员会先问申请人的意见，再询问被申请人的意见，然后仲裁庭做调解工作！
那要是有一方不同意呢？
调解必须双方自愿，如果有一方不同意，调解就不再进行！调解成功后，下发调解书，如果失败，择日下发仲裁决定书！

17. 在双方的辩论结束后，仲裁将进入调解程序。

下面，请大家肃静，我宣布本次仲裁的仲裁决定！
仲裁书
回执
由仲裁员当庭宣布仲裁决定，双方领受仲裁文书，并且在送达回执上签字。至此，仲裁程序终结！

18. 最后是宣布仲裁决定，送达仲裁决定书，仲裁程序结束。

可是，对仲裁决定不服，应该怎么办呢？
如对仲裁结果不服，只能写起诉书，向法院提起诉讼！
法院诉讼的程序是什么样的呢？
法院的开庭程序与仲裁委的程序相同，下发判决书或调解书后程序终结！

19. 如果届时对仲裁决定不服，可向人民法院提起诉讼。法院的开庭程序与仲裁程序相同。

高律师，谢谢你的耐心解答！再问你最后一个问题，对一审判决结果不服，应该怎么办?
对一审判决不服，可以向上级法院申请上诉！但一定记得和仲裁不服上诉一样，必须在拿到判决之日起15日之内哦！

20. 小丽感谢高律师对她的耐心咨询，她说自己明白接下来该怎样做了。

女性四期保护记

1. 女性人数占人口总数的二分之一，在劳动群体中也是一样。因为两性的生理差异，多数女性还承担了一个社会职责——为人母，要经历怀孕、生育、哺乳、养儿育女的过程。

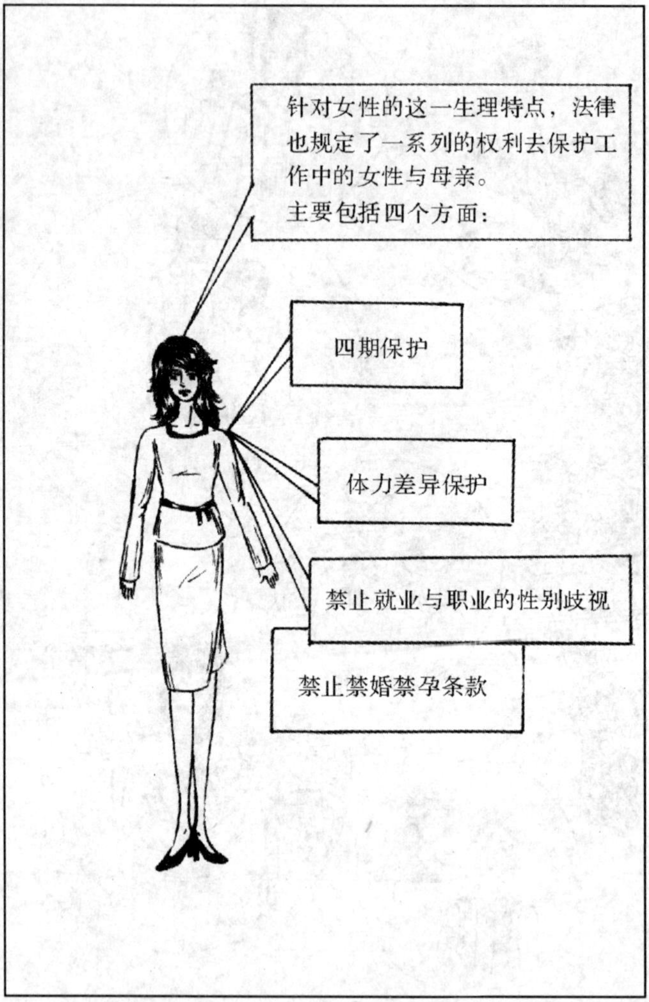
针对女性的这一生理特点，法律也规定了一系列的权利去保护工作中的女性与母亲。
主要包括四个方面：
四期保护
体力差异保护
禁止就业与职业的性别歧视
禁止禁婚禁孕条款

2. 针对女性的这一生理性别特点，国家专门制定了相关的法律保护工作中女性的特殊劳动权益。

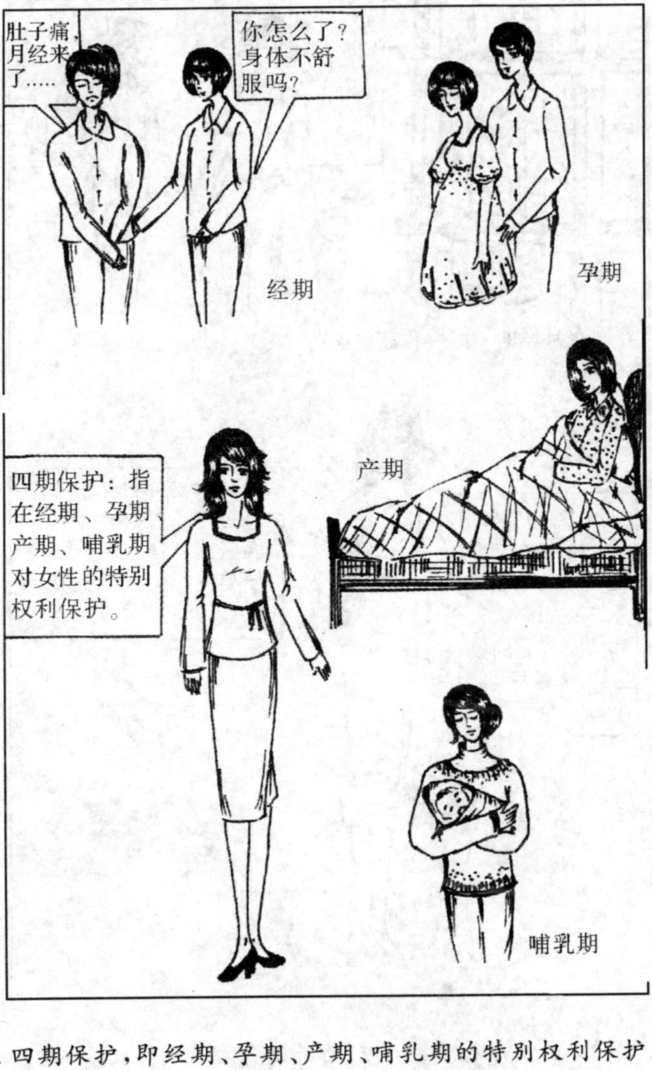
肚子痛，月经来了.....
你怎么了？身体不舒服吗？
经期
孕期
产期
四期保护：指在经期、孕期产期、哺乳期对女性的特别权利保护。
哺乳期

3. 四期保护，即经期、孕期、产期、哺乳期的特别权利保护。这是女性特别工作权利中最核心的部分。

主任，我来月经了，身体不舒服，这是医院证明。
好的，我知道了，你休息一天吧，调理一下。
女员工在月经期间，所在单位不能安排从事高空、低温、冷水和国家规定的第三级劳动强度的劳动。
对其他工种的女职工，月经过多或因痛经不能坚持工作的，经医疗单位证明，应予公假1天。

女性在月经期不能安排高空劳动

4. 女员工在经期也受到相应的劳动保护。

怀孕期
女员工在怀孕期间，所在单位不得安排其从事国家规定的第三级体力劳动强度的劳动和孕期禁忌从事的劳动，并且不得在劳动日以外延长劳动时间。

5. 女员工在怀孕期间也应受到相应的劳动保护。

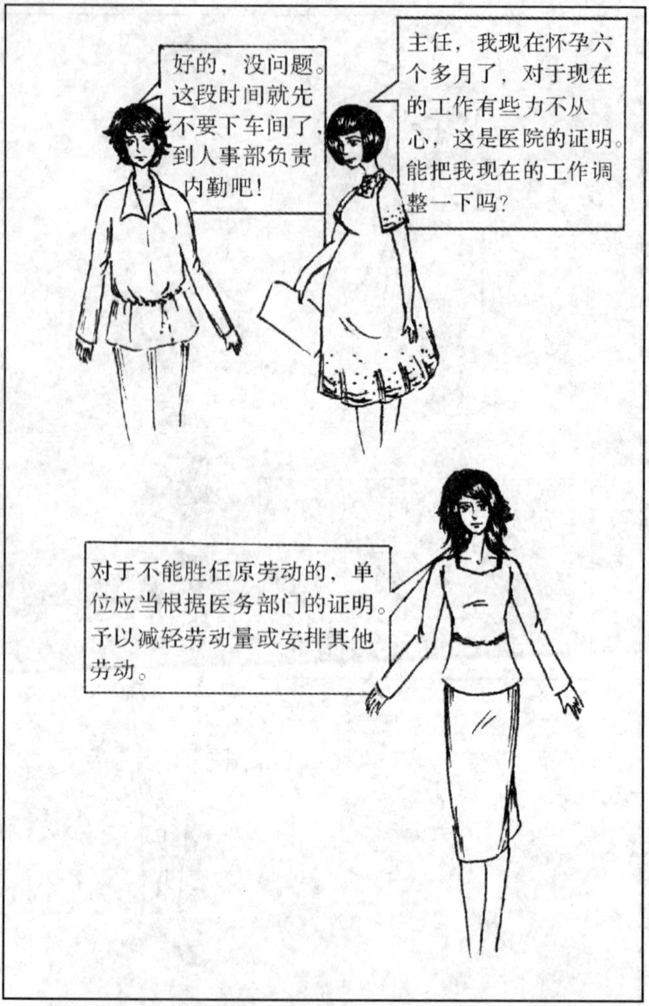
主任，我现在怀孕六个多月了，对于现在的工作有些力不从心，这是医院的证明。能把我现在的工作调整一下吗？
好的，没问题。这段时间就先不要下车间了，到人事部负责内勤吧！
对于不能胜任原劳动的，单位应当根据医务部门的证明，予以减轻劳动量或安排其他劳动。

6. 女员工怀孕超过一定时间，所在单位应酌情减轻劳动量。

对从事经常弯腰、攀高、下蹲、抬举、搬运等容易引起流产、早产作业的女员工，经医疗单位证明，应暂时调做其他工作或酌情减轻其工作量。

7. 对于从事容易引起流产、早产作业的怀孕女员工应该予以相应的保护。

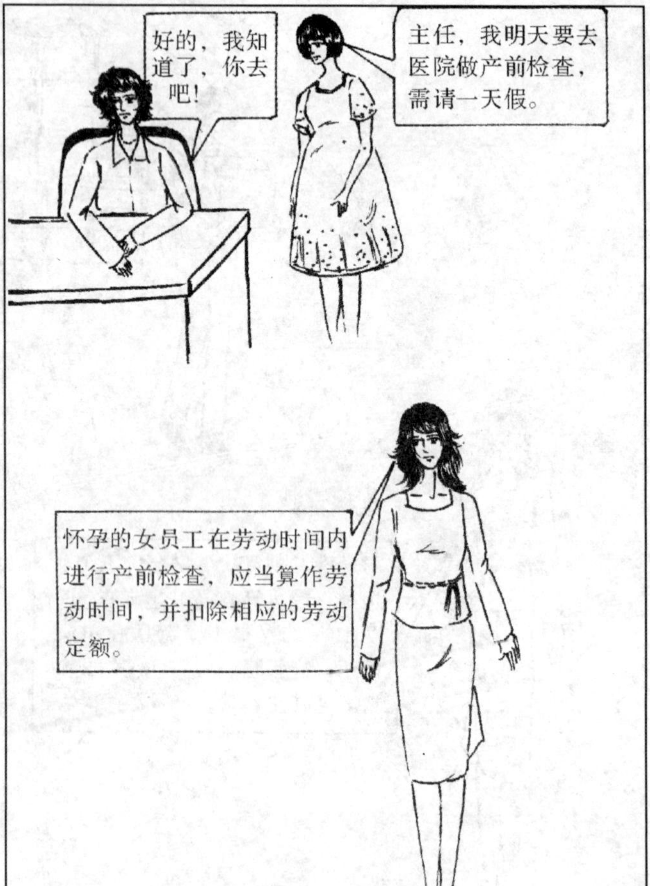
好的，我知道了，你去吧！
主任，我明天要去医院做产前检查，需请一天假。
怀孕的女员工在劳动时间内进行产前检查，应当算作劳动时间，并扣除相应的劳动定额。

8. 怀孕女员工有权在劳动时间内安排产前检查。

李娟怀孕已经七个多月了，这段时间不要给她安排夜班。
知道了，主任。
谢谢，主任。
对于怀孕七个月以上的女员工，一般不得安排其从事夜班劳动。
在劳动时间内应给予工间休息一小时，并扣除相应的劳动定额。

9. 单位不得给怀孕超过七个月的女员工安排值夜班的工作。

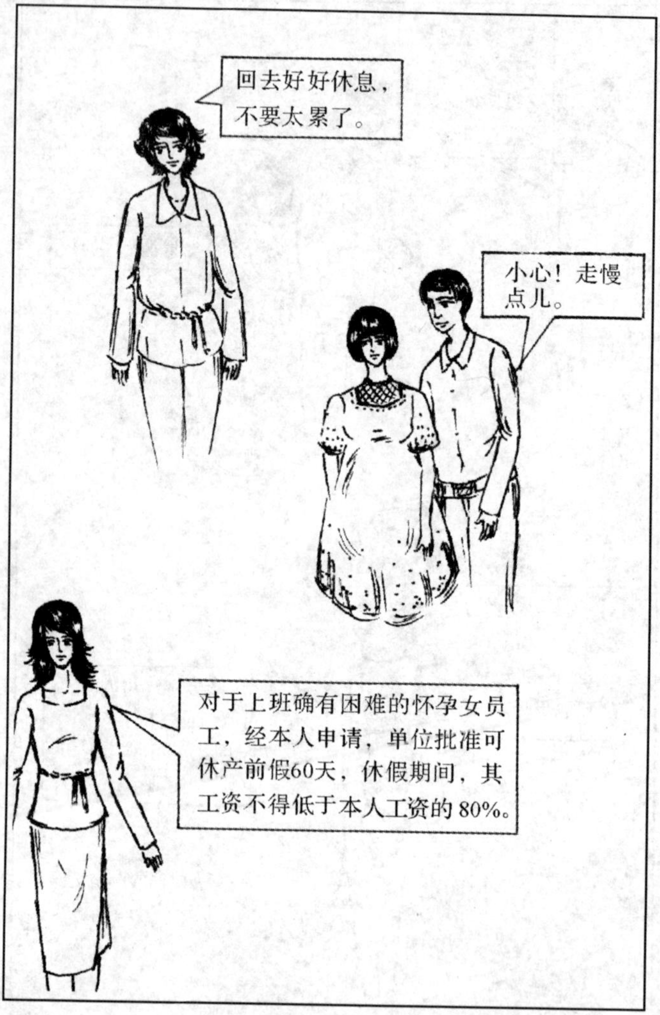
回去好好休息，
不要太累了。
小心！走慢点儿。
对于上班确有困难的怀孕女员工，经本人申请，单位批准可休产前假60天，休假期间，其工资不得低于本人工资的80%。

10. 有特殊困难不能上班的怀孕女员工可以休产前假。

产假90天
+15天
难产、多胞胎生育的增加产假15天。
女员工产假不得少于90天，其中产前休假15天，难产的增加产假15天，多胞胎生育的每多生1个婴儿，增加产假15天。

11. 女员工在生育时依法享有 90 天产假，特殊情况可以增加。

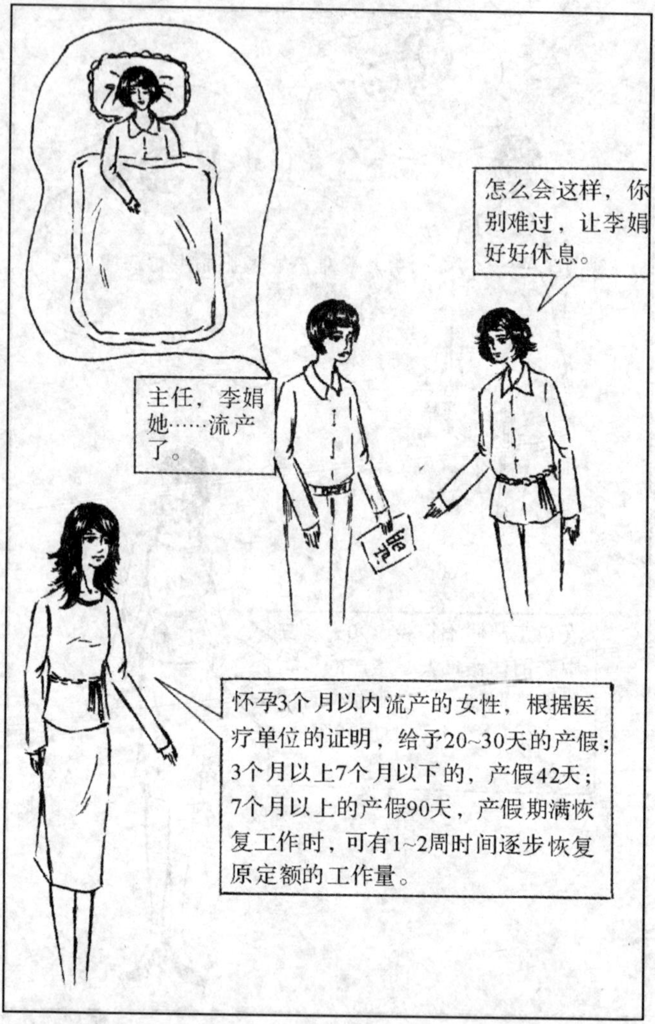
主任，李娟她……流产了。
怎么会这样，你别难过，让李娟好好休息。
怀孕3个月以内流产的女性，根据医疗单位的证明，给予20~30天的产假；3个月以上7个月以下的，产假42天；7个月以上的产假90天，产假期满恢复工作时，可有1~2周时间逐步恢复原定额的工作量。

12. 对于流产的女员工，也依法享有一定的休假期。

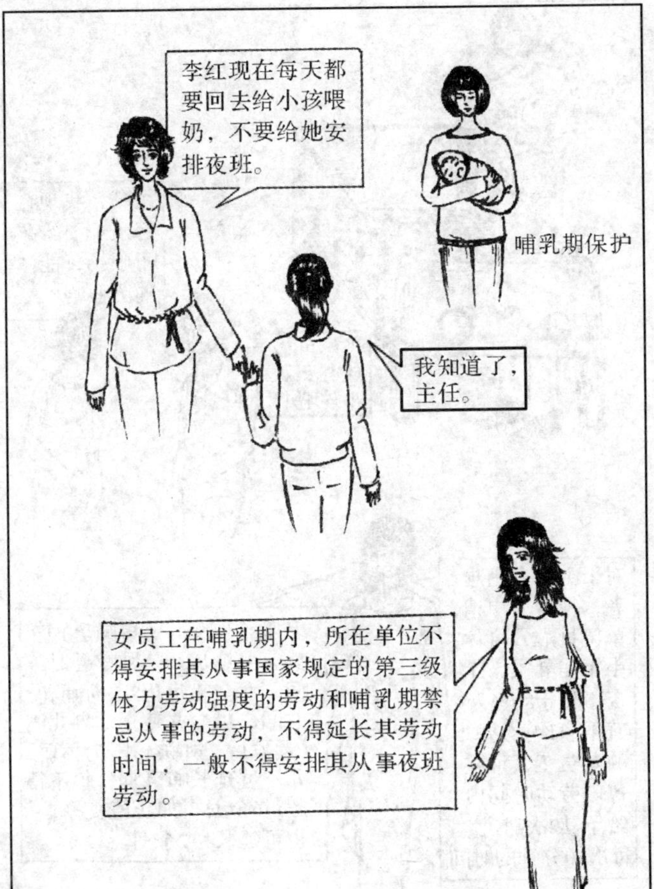
李红现在每天都要回去给小孩喂奶，不要给她安排夜班。
哺乳期保护
我知道了，主任。
女员工在哺乳期内，所在单位不得安排其从事国家规定的第三级体力劳动强度的劳动和哺乳期禁忌从事的劳动，不得延长其劳动时间，一般不得安排其从事夜班劳动。

13. 法律保护哺乳期女员工的各种权利。

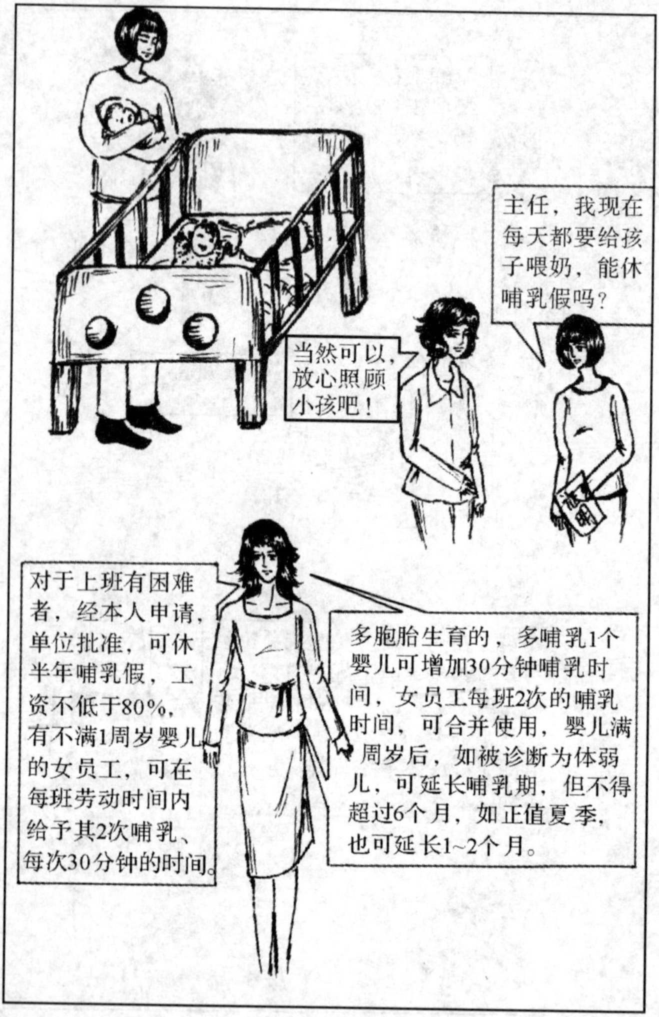

主任，我现在每天都要给孩子喂奶，能休哺乳假吗？
当然可以，放心照顾小孩吧！
对于上班有困难者，经本人申请，单位批准，可休半年哺乳假，工资不低于80%，有不满1周岁婴儿的女员工，可在每班劳动时间内给予其2次哺乳、每次30分钟的时间。
多胞胎生育的，多哺乳1个婴儿可增加30分钟哺乳时间，女员工每班2次的哺乳时间，可合并使用，婴儿满周岁后，如被诊断为体弱儿，可延长哺乳期，但不得超过6个月，如正值夏季，也可延长1~2个月。

14. 特殊情况下女员工可以休哺乳假。

对已婚未孕、怀孕和哺乳期的女职工，单位应将其暂时调离明显危害女性生理机能，影响下一代健康的有毒有害作业。
应暂时调离的工作有下列几种：铅的冶炼、浇铸、铅粉生产；纯苯的生产、回收；汞的生产、蒸馏、回收；镉的生产；二硫化碳的生产，超过卫生防护要求的剂量当量限值的放射性作业。

15. 单位应依法停止特殊时期的女员工从事相应的禁忌工作。

因为你结婚，有8天没有上班。
为什么？我这个月的工资被扣掉这么多？
单位说我怀孕了，就把我辞退了……
好了，别难过了。
单位不得在女员工结婚、怀孕期、产期、哺乳期降低其基本工资或者解除劳动合同。

16. 法律对女员工在特殊时期的基本工资、劳动合同等有专门规定。

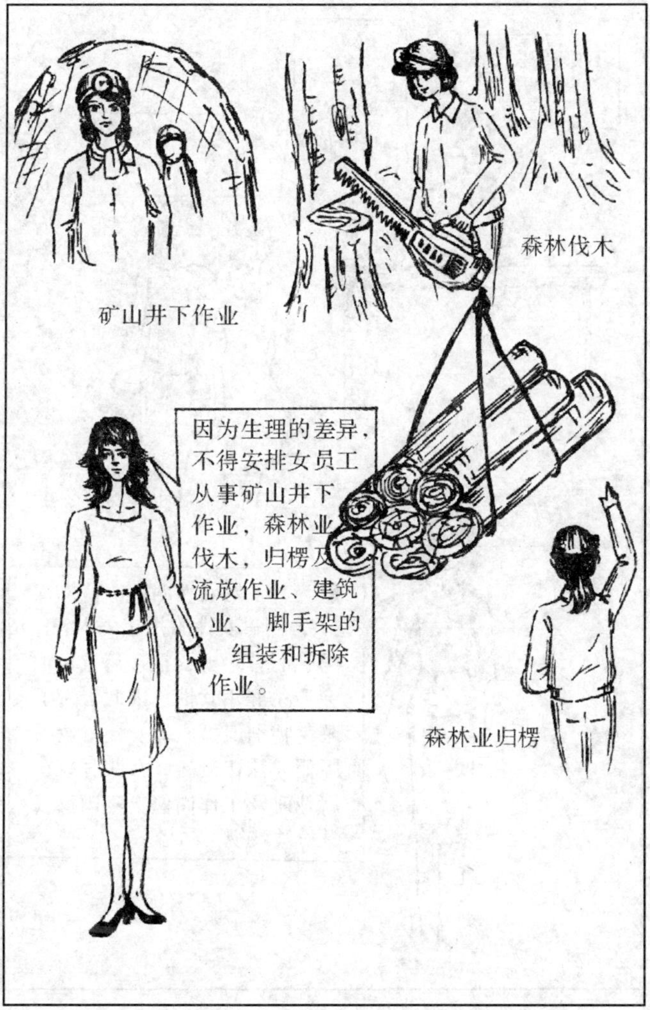
矿山井下作业
森林伐木
因为生理的差异，不得安排女员工从事矿山井下作业，森林业伐木，归楞及流放作业、建筑业、脚手架的组装和拆除作业。
森林业归楞

17. 法律规定不得安排女员工从事的作业。

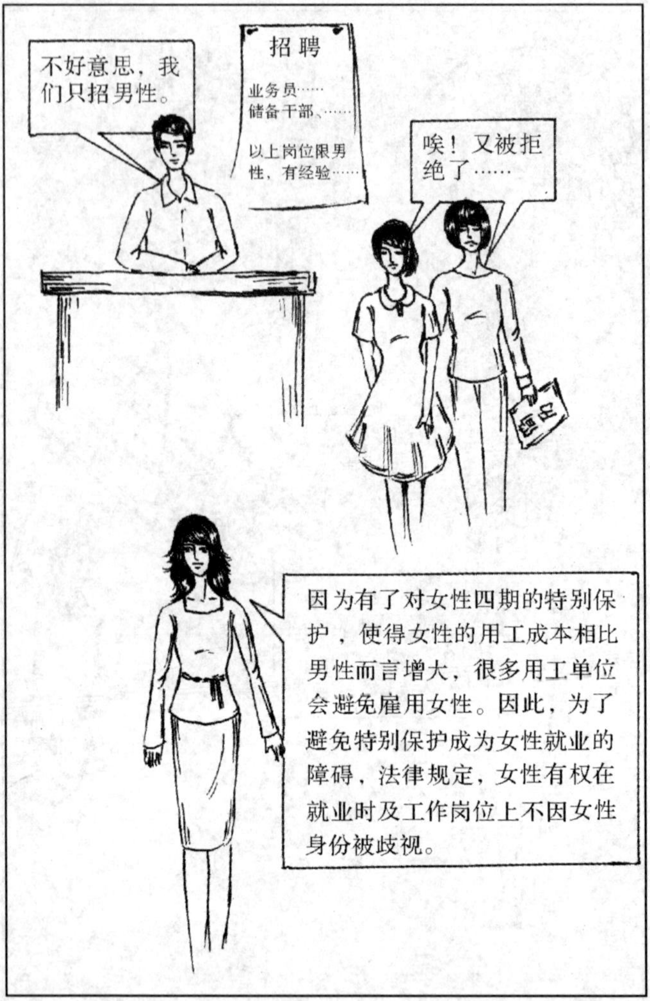
不好意思，我们只招男性。
招聘
业务员……
储备干部、……
以上岗位限男性，有经验……
唉！又被拒绝了……
因为有了对女性四期的特别保护，使得女性的用工成本相比男性而言增大，很多用工单位会避免雇用女性。因此，为了避免特别保护成为女性就业的障碍，法律规定，女性有权在就业时及工作岗位上不因女性身份被歧视。

18. 对女性四期的特别保护，在现实中往往成为就业市场上女性求职的障碍。

是啊！单位怎么定这样的条款啊？
看合同了吗？上面居然规定三年内不能结婚生育。
有些单位雇用女性后，会在劳动合同中规定几年内不得结婚生育等条款，因此特别权利还包括劳动合同或岗位职责不得限制女性结婚生育。

19. 一些单位对女性就业设置障碍，这与法律规定完全相悖。

努力争取属于我们自己的合法权利！！

20.基于生理差异与生育职责而产生的性别劳动权利都是正当的劳动权利，都是法律确认并保护的劳动权利，请认真对待、努力争取属于自己的合法权利。

后　　记

本书由香港乐施会支持出版。

决定编写这本女性劳动权益连环画册之始，并没有估计到这是件不容易的事情。因为过去没有这方面的经验，在将头脑中模糊的法条理念化为“实务”的过程中不断地遇到困难，中途也曾有过放弃的想法，多亏郭慧敏教授和李亚莉老师等中心同仁的坚持，才使得这本连环画不至中途“流产”。而香港乐施会给予的理解与宽容为我们解决困难提供了宝贵的支持，我们在此表示深深的谢意！

在连环画的编写过程中，全体成员都参与了故事撰写、编辑、修改等方面的工作。高涛律师和李亚娟老师为故事编写作出了重要贡献。在故事绘画方面，绘画者以认真的态度和不凡的智慧把静态的文字转化为生动的画面。其中黄音、王晶两位朋友贡献最多，她们共完成了九个故事的绘制工作，其余一个故事由巩琛婕女士绘制。画册封面人物由黄音绘制。十个故事的首页由邵路云小同学帮忙完成。在书稿的校对中，西安建筑科技大学贾洪毅老师做了许多工作。在此，我们向他们表示诚挚的谢意！

由于水平有限，错误缺点在所难免，恳请读者批评指正！

段燕华

2011 年 4 月 9 日